LE THÉATRE CONTEMPORAIN

FRÈRE ET SOEUR

DRAME EN CINQ ACTES
PAR
MM. MÉRY ET BERNARD LOPEZ

REPRÉSENTÉ POUR LA PREMIÈRE FOIS, A PARIS, SUR LE THÉATRE DE L'AMBIGU-COMIQUE, LE 14 JUIN 1855.

DISTRIBUTION DE LA PIÈCE.

ROBERT, COMTE DE SULLAUZE, riche propriétaire corse, 29 ans.	MM. DUMAINE.	FABRICIO, domestique chez le comte.	RICHÉ.
DE SIVRY, 27 ans.	SAINT-LÉGER.	ANTÉNOR, garçon de restaurant.	PACRA.
LE BARON ADRIEN ADRIANI, futur de Blanche, 22 ans.	MAURICE COSTE.	BLANCHE, soeur et pupille de Robert.	Mmes ISABELLE CONSTANT.
DE BRÉVAL, ami de M. de Sivry, 27 ans.	SANDRE.	OLYMPE DE BEAUTREILLIS, femmes à la mode.	DELMARY.
VERNEUIL, avocat, 25 ans.	LÉON JOLLIET.	FLORA.	MARIA REY.
		CARMEN.	ARMANDE.
		ZANETTA, femme de chambre.	JEANNE ANAÏS.

Droits de représentation de reproduction et de traduction, réservés.

ACTE PREMIER

A la Maison dorée. — Le salon d'attente d'un grand restaurant. A droite et à gauche, au premier plan, des portes conduisant à des cabinets particuliers. Au deuxième plan, à gauche, un pan coupé, une fenêtre avec balcon donnant sur le boulevard. Au deuxième plan, à droite, une porte conduisant à l'extérieur. Au fond, grande porte à deux battants conduisant à d'autres salons. Au milieu de la scène, un guéridon avec une corbeille de fleurs ; un canapé posé obliquement de chaque côté ; sur le premier plan, sièges et fauteuils.

SCÈNE PREMIÈRE.
DE SIVRY, ANTÉNOR.

De Sivry est négligemment assis sur une causeuse. Il fume et lit un journal.

ANTÉNOR, entrant.

Monsieur... voilà la cote des fonds.

DE SIVRY, prenant la cote.

72... 80... J'ai demandé aussi un verre d'absinthe... avec la cote de fonds.

ANTÉNOR, montrant le cabinet à gauche.

Monsieur est servi dans son cabinet.

DE SIVRY, montrant le cabinet de droite.

Celui-ci est retenu?

ANTÉNOR.

Par ce monsieur qui me faisait l'honneur tout à l'heure de me commander son dîner. (Il va pour sortir.)

DE SIVRY, le rappelant.

Anténor! Anténor!

ANTÉNOR.

Monsieur me fait l'honneur de savoir mon nom ?

DE SIVRY.

Parfaitement... je suis même surpris de vous voir ici. Ne deviez-vous pas quitter ce restaurant?

ANTÉNOR.

Demain, monsieur, je rentre à Mabille. Pendant l'été je quitte les restaurants de la Chaussée-d'Antin pour les jardins publics.

DE SIVRY.

A merveille! L'hiver à la ville et l'été...

ANTÉNOR.

A la campagne, oui, monsieur...

DE SIVRY.

Anténor... vous devez savoir bien des secrets...

ANTÉNOR.

Moi, monsieur... je connais toute l'histoire de Paris, depuis le 31 décembre 1854... jusqu'à nos jours... et je n'écoute jamais aux portes... Les murs parlent si haut que je n'ai pas besoin d'être indiscret... Oh! si je pouvais dire tout ce que j'apprends ici!... Mais, cela viendra, j'étais né pour être historien... ou concierge d'une grande maison.

DE SIVRY.

Alors, vous pouvez me donner un renseignement. (Il lui remet une pièce d'or.)

ANTÉNOR.

Tous ceux que vous voudrez.

DE SIVRY.

Ce jeune homme qui causait avec vous tout à l'heure, et qui va dîner là... (Il montre le cabinet de droite.) Qui est-il?...

ANTÉNOR.

Je ne sais pas; c'est la première fois qu'il vient à la Maison d'Or.

DE SIVRY.

Alors, vous ne pouvez me dire s'il est le mari ou le cousin de cette belle et jeune femme qui se promène tous les soirs avec lui sur le boulevard?

ANTÉNOR.

Je ne sais rien du tout.

DE SIVRY, à part, avec impatience.

Voilà un historien fort instruit, et j'ai bien placé mon argent.

ANTÉNOR.

Monsieur a-t-il encore à me faire l'honneur de me demander quelque chose?

DE SIVRY.

Non, rien... Ah! si fait, j'ai à vous demander de faire frapper le champagne.

ANTÉNOR.

Sur-le-champ! (A part, en mettant la pièce d'or dans sa poche.) Pour mon dernier jour j'ai de la chance. (Il sort.)

SCÈNE II.

DE SIVRY, seul.

N'importe! je saurai quelque chose... Est-elle sa femme ou sa maîtresse?... (Il touche la cloison du cabinet de droite avec la main.) Cette porte est mince, elle sera indiscrète et m'instruira mieux que le garçon... Heureusement les importuns me laissent tranquille, voilà un de ces moments où il est bon d'être seul!...

SCÈNE III.

DE SIVRY, VERNEUIL.

VERNEUIL, entrant.

Eh! le voilà ce cher Sivry, je le savais bien.

DE SIVRY.

Verneuil!... d'où diable sors-tu?...

VERNEUIL.

De la rue d'Enfer, 54. Embrasse-moi! je suis avocat depuis ce matin.

DE SIVRY.

Enfin!

VERNEUIL.

Douze ans! douze ans de pays latin! j'avais hâte de revoir le vrai Paris, le boulevard, le monde oisif, les femmes véritables! J'ai passé le Pont-Neuf; je ne le repasserai plus! Adieu les morts!... Vivent les vivants!... Douze ans, j'ai porté sur ma tête la coupole du Panthéon; je respire... me voilà décoiffé!...

DE SIVRY.

Et comment as-tu découvert l'antichambre de mon cabinet particulier?

VERNEUIL.

Parbleu!... tu as laissé ta signature à la porte! ton groom et ton cheval. Bon! me suis-je dit, mon cher Sivry dîne seul, là-haut, je vais l'inviter pour boire à ma résurrection! Acceptes-tu?

DE SIVRY.

De grand cœur.

VERNEUIL.

Me voilà maintenant tout à tes loisirs; je ne te quitterai plus, j'ai passé avocat, j'ai fait cette concession à l'auteur de mes jours, bourgeois de Poitiers, qui croit aux avocats; il me rendra quatre visites par an, j'ai tout prévu... et, pour le recevoir, j'ai un cabinet honoraire, une bibliothèque peinte, deux bustes de Cicéron et de Démosthène, en plâtre, un fauteuil neuf usé; je louerai à l'heure un clerc et trois clients chez les figurants du Cirque, et mon père enchanté me donnera, quatre fois l'an, sa bénédiction.

DE SIVRY.

Très-bien! je vois que le pays latin ne t'a pas corrompu.

VERNEUIL.

Et toi, cher camarade, comment vont les amours, les chevaux, les femmes, la bourse, les bals, les chasses, les maris, les duels, les soupers?

DE SIVRY.

Ah! que tu es heureux, mon cher avocat, de sortir de la rue d'Enfer, où tu as passé douze ans de purgatoire! la vie et la jeunesse te paraissent belles; tu es l'extase et l'ivresse de la convalescence, tu vois le bonheur partout... Mais pour moi... pour moi... c'est autre chose... le bonheur est un absent qui a toujours tort.

VERNEUIL.

Tu as éprouvé des revers de fortune?

DE SIVRY.

Non!

VERNEUIL.

Une infidélité de femme?

DE SIVRY.

Plût au ciel!

VERNEUIL.

Ton oncle est-il un père éternel?

DE SIVRY.

Il est mort.

VERNEUIL.

T'a-t-il laissé quelque chose?

DE SIVRY.

Tout.

VERNEUIL.

Et tes actions de chemins de fer?

DE SIVRY.

Quatre cent quatre-vingts francs de prime.

VERNEUIL.

Ta santé me paraît?...

DE SIVRY.

Irréprochable!...

VERNEUIL.

Eh bien! de quoi te plains-tu?

DE SIVRY.

De la vie.

VERNEUIL.

Bah!

DE SIVRY.

J'ai dix heures par jour à remplir.

VERNEUIL.

Sur vingt-quatre, comme moi; je n'en ai pas assez.

DE SIVRY.

J'en ai trop! Voyons, que veux-tu que je fasse de ces heures? Personne ne m'aide à les porter, je vis seul, et c'est un fardeau intolérable! je n'ai pas assez d'esprit pour me lancer dans le monde des artistes, on m'écraserait; j'en ai trop pour me lancer dans le monde des bourgeois, on m'ennuierait; les maquignons m'ont dégoûté des chevaux, les chasseurs de la chasse, les aubergistes des voyages, les déjeuners des duels, les musiciens de la musique, les joueurs du jeu, les maris du mariage, les garçons du célibat, les amis de l'amitié, les femmes de l'amour... Tu le vois, cher ami, la vie est pour moi un rude métier?

VERNEUIL.

Oh! très-rude! un tilbury, un groom, trois chevaux, un hôtel, vingt-huit ans, la santé, cinquante mille francs de rente; je comprends ton désespoir... et rien au monde, mon pauvre ami, rien pour y mettre un terme.

DE SIVRY.
Rien!... ah!... si fait... quelque chose... quelqu'un... une femme.

VERNEUIL.
Je sais... la femme aux agendas, qui en donne à tous ses adorateurs... la brillante Olympe de Beautreillis.

DE SIVRY.
Olympe! il s'agit bien d'elle!... Olympe... une chose qui rit et pleure avec un rire faux et des larmes véritables... ce n'est rien, ni un amour ni un caprice, pas même une distraction... Non, mon ami, non, ce n'est pas d'elle que je te parle, mais d'une femme, entends-tu?... d'une vraie femme et que j'ai trouvée...

VERNEUIL.
A force de la chercher.

DE SIVRY.
Au contraire... parce que je ne la cherchais pas... par malheur, elle est greffée au bras d'un homme sérieux.

VERNEUIL.
Que t'importe? tu viens de me dire que les femmes t'avaient dégoûté de l'amour.

DE SIVRY.
C'est vrai! s'il y a une chose au monde que je déteste, c'est l'amour : l'amour des romances, des opéras, des pianos, des cavatines; l'amour des adolescents en floraison, des étudiants en mansardes, des sous-lieutenants en congé, des pensionnaires en vacances; mais, avec mon inconnue, j'ai trois passions mêlées ensemble qui brûlent ma tête, qui toutes trois ont un nom et qui réunies n'en ont pas : le désir, le caprice et la curiosité. Est-ce une femme mariée... une jeune fille ou la maîtresse de cet inconnu que je vois sans cesse auprès d'elle? L'énigme a déjà un charme irritant qui me plaît, qui m'enchante. Mais ce que je sais, c'est que je l'enlèverai à un mari, à un amant..... Que me fait le titre de propriétaire?... Pour recommencer à vivre, il me faut une femme que j'enlève à quelqu'un.

VERNEUIL.
A la bonne heure! je retrouve enfin un homme civilisé!

DE SIVRY, allant regarder à la fenêtre.
Tais-toi!... Tais-toi donc!

VERNEUIL.
Pourquoi?

DE SIVRY.
Voici l'heure où mon étoile se lève... c'est là que passe tous les soirs ma belle inconnue sous la protection de ce jeune homme qu'il m'est impossible de classer.

VERNEUIL, regardant par la fenêtre.
En ce moment, le coup d'œil est superbe. Tout Paris femme est sur le boulevard.

DE SIVRY.
C'est un désert, elle n'y est pas!

SCÈNE IV.
LES MÊMES, OLYMPE.

OLYMPE.
Tant mieux! ou tant pis! c'est moi!

DE SIVRY.
Olympe!

VERNEUIL, à part.
La femme aux agendas!

DE SIVRY.
Vous ici!

OLYMPE.
Pourquoi pas? Je vous ai vu à la fenêtre à sept heures du soir, je me suis invitée à dîner.

DE SIVRY, à part.
Au diable la convive!...

VERNEUIL.
Belle Olympe, soyez la bienvenue...

OLYMPE, sonne.
Tiens, le petit avocat! le défenseur de l'orphelin et de la veuve... Je suis votre cliente, maître Verneuil.

VERNEUIL, qui tient dans ses bras le mantelet, le chapeau et l'ombrelle d'Olympe.
Comme veuve avant le mariage... belle dame, mon éloquence est à vos pieds... Garçon?... (Le Garçon entre.)

OLYMPE.
Un couvert de plus et servez.

ANTÉNOR, débarrassant Verneuil.
Madame a commandé?

OLYMPE.
Je commande tout ce qu'il y a de mieux et de plus cher.... je ne suis pas exigeante... (A de Sivry, croisant les bras.) Mais que devenez-vous donc, monsieur de Sivry? on a passé un mois sans vous voir.

DE SIVRY.
Oh! un mois! J'ai passé mon temps à payer mes différences; mon agent de change m'a pris tous mes loisirs.

OLYMPE.
On le connaît, votre agent de change! Je crois qu'il a dix-huit ans et les cheveux en bandeaux.

DE SIVRY.
Olympe, je vous adore quand vous me racontez vos rêves.
(Il retourne regarder à la fenêtre avec impatience.)

OLYMPE.
Oh! quelle scène de jalousie je vous ferais, si je n'étais pas à jeun...

DE SIVRY, quittant vivement la fenêtre pour regarder à la porte du fond.
La voilà! c'est bien elle... Elle monte l'escalier avec lui... lui, son inséparable... Oh! je veux savoir qui elle est... je saurai...

OLYMPE.
Et moi aussi...

VERNEUIL.
Et moi aussi...

DE SIVRY.
Venez! mais venez donc... (Il les emmène vers le cabinet de gauche, dont la porte reste entr'ouverte pendant toute la scène suivante. Entrent par la porte du fond Robert, comte de Sullanze, et Blanche, sa sœur et sa pupille. Ils sont précédés du Garçon.)

SCÈNE V.
ROBERT, BLANCHE, ANTÉNOR.

ROBERT, à Anténor, qui va leur ouvrir le cabinet de droite.
Ne servez pas encore, nous attendons un ami. (Le Garçon s'incline et sort par le fond. On le voit de temps à autre traverser la scène pendant la scène suivante.)

BLANCHE, à Robert.
Oh! il sera exact, et nous l'a bien promis hier au soir. Frère, (le Garçon s'arrête et écoute un instant) quelle heure est-il?

ROBERT, tirant sa montre.
Sept heures un quart. Nous sommes en avance, c'est à la demie que nous devons l'attendre. Oh! j'ai plus de patience que toi, ma sœur, et même... ce n'est pas sans regret que j'arrive au terme de cette longue épreuve que j'ai fait subir dans l'intérêt de ton bonheur à celui qui a demandé ta main depuis...

BLANCHE.
Depuis un an, moins quelques minutes.

ROBERT.
Je le sais, il ne m'en reste pas davantage, et je suis résolu. Adieu donc aux beaux jours que je passais près de toi, ma chère Blanche! Adieu à cette douce solitude de notre maison de campagne d'Enghien, où tu ne laissais regretter à ton frère bien-aimé ni le monde, ni la foule, ni tous ces faux plaisirs, ces folles agitations qui auraient perdu sans toi les plus belles années de ma vie... Mais bientôt, je verrai fuir mon bonheur en accomplissant le plus sacré de mes devoirs. Rassure-toi, j'en aurai le courage! Toi, avant tout, Blanche, et j'attends le baron Adriani pour lui dire que je te crois digne de toi; pour lui confier l'avenir de ma sœur, de ma pupille; enfin, pour lui donner ce nom qui, jusqu'à ce jour, je l'avoue, m'a paru un peu difficile à prononcer, mon f....

BLANCHE.
Mon frère!

ROBERT, souriant.
Oui, c'est cela, mon frère...

BLANCHE.
Et pourquoi difficile, monsieur mon tuteur? Vous le dites très-bien quand il n'est pas là. (Entrée d'Anténor, qui apporte des flambeaux. Il en place un dans le salon et va porter l'autre dans le cabinet.) Voyons, Robert, quel doute peut te rester encore? Adriani est-il un étranger pour toi? Ne le connais-tu pas dès l'enfance aussi bien que tu me connais moi-même? N'est-ce pas un fils de notre île natale, un Corse comme toi par la naissance et par le caractère?... Sa famille ne fut-elle pas de tout temps l'amie dévouée de la nôtre, et ce mariage n'a-t-il pas été le vœu suprême, le dernier rêve de notre mère?

ROBERT.
Oui, je me le rappelle, et c'est pour cela surtout, Blanche, c'est par le souvenir même de notre mère que je justifierai près de toi mes doutes, mes irrésolutions, mes frayeurs à propos de ton mariage. Oui, j'en prends le ciel à témoin, sœur, j'ai toujours eu devant les yeux celle qui t'a confiée à ma garde, et ce sont ses dernières paroles qui ont toujours dicté ma conduite. Après m'avoir parlé de ses projets, de ses espérances sur Adrien, alors un enfant comme toi : « Songe bien, ajouta notre mère, » mon cher Robert, songe que ma volonté n'engage pas la tienne,

» et que tu restes seul arbitre de la destinée de ta sœur. Je vais
» mourir, et te voilà désormais devant la loi ce que tu es depuis
» longtemps à mes yeux, le chef de la famille. Tu devras aimer
» Blanche plus encore que d'une affection fraternelle. Il faut
» que tu aies pour cette chère orpheline toute la tendresse,
» toute la sollicitude, toute l'abnégation d'un père... Me le pro-
» mets-tu ? » Je ne répondis pas. Les larmes étouffaient ma
voix... Je ne pus que serrer les mains de la pauvre mourante;
elle me comprit, je suppose... car l'instant d'après, toi et moi,
Blanche, nous éclations en sanglots, après avoir vainement es-
sayé de la rappeler à la vie. Sa belle et noble figure nous sou-
riait encore... Elle s'était endormie du dernier sommeil, con-
fiante et bienheureuse dans les bras de ses deux enfants !
(Blanche appuie la tête en pleurant sur le sein de son frère. Il reprend après un
temps de silence.) Eh bien ! cette parole que mon cœur a donnée
sans qu'elle ait pu s'échapper de mes lèvres, cette parole, je
l'ai tenue. Ma jeunesse reposant à jamais toute autre pensée
de joie, de bonheur ou de gloire, ma jeunesse s'est consacrée à
toi tout entière, et je t'ai aimée comme elle l'avait voulu, je
t'ai aimée comme un père aime sa fille, un père qui ne peut
pas admettre que femme et mère elle puisse jamais être aussi
heureuse qu'elle l'a été enfant dans sa famille. Il tremble pour
elle, pour son avenir, il se défie même du plus dévoué, du plus
loyal des amis, qu'il va rendre responsable d'un bonheur qui
lui est plus cher que le sien... Enfin, il a peur... Oui, j'ai peur
à cette pensée de mariage... Une seconde vie va commencer
pour toi, Blanche, et que je voudrais voir aussi belle, plus belle
encore que la première... Voilà ce que je ressens, ce que j'é-
prouve, et ce qui semblerait étrange, impossible à tout homme
de mon âge, parce qu'un père seul peut le comprendre.

BLANCHE.

Je te comprends aussi, moi... car je sais par cœur tout ce qui
se passe en toi, Robert... mais je suis rassurée. Tu l'as bien dit
tout à l'heure, Adrien est le plus loyal, le plus dévoué de tous
les hommes, et son cœur est noble comme le tien.

ROBERT.

Je le crois.

BLANCHE.

Je suis fière aussi de t'avoir entendu me répéter qu'heureuse,
grâce à toi, je t'avais rendu une partie de ce bonheur, que la vie
t'avait semblé douce avec moi... car nous ne serons pas séparés.
Adrien me l'a dit... j'ai sa promesse.

ROBERT.

Depuis quand ?

BLANCHE.

Depuis hier au soir.

ROBERT.

Je ne vous ai pas quittés d'un seul instant.

BLANCHE.

Il me l'a dit tout bas... Ce nom de frère que tu voudrais lui
disputer encore, il le prend très au sérieux, lui. Il t'admire et
il t'aime, et il veut absolument qu'en France ou dans notre patrie, nous vivions ensemble, toujours ensemble, en famille.

ROBERT.

Vraiment ! en famille !

BLANCHE.

Tiens ! tu peux le lui demander, le voici.

ROBERT.

Tais-toi, laisse-moi garder un instant encore avec lui ma di-
gnité de père et de tuteur.

SCÈNE VI.

BLANCHE, ROBERT, LE BARON ADRIEN ADRIANI, puis ANTÉNOR.

ADRIEN, serrant la main de Robert et s'inclinant devant Blanche.

Cher comte... Mademoiselle !...

ROBERT.

Vous voilà donc, monsieur, et il faut vous accueillir à bras
ouverts, quoique vous arriviez terrible et ponctuel comme une
échéance.

ADRIEN.

C'est vrai, monsieur le comte... mon ami... mon frère.

ROBERT.

Là... voyez-vous ?... déjà.

ADRIEN.

Oh ! je veux être avec vous maintenant un créancier inexorable, et je vous mets en demeure de tenir votre parole. Son-
gez-y donc... suis-je trop exigeant ? après un an de voyages forcés, pendant lequel vous avez voulu garder votre sœur auprès
de vous en m'éloignant d'elle !...

ROBERT.

Blanche n'avait que dix-sept ans.

(Le Garçon reparaît et remonte la scène.)

ADRIEN.

Elle en a dix-huit maintenant (regardant Blanche), et je la trouve
encore plus belle ! (Pendant ce temps, Robert a sonné et le Garçon est entré.)
Ah ! j'avais oublié qu'on dînait...

ANTÉNOR, reparaissant.

Monsieur a sonné ?

ROBERT.

Servez maintenant.

ADRIEN.

C'est que j'ai dans la tête une préoccupation si importante !

ROBERT.

Laquelle ?

ADRIEN.

Le choix de la corbeille ! Je veux mettre à contribution toutes
les industries parisiennes.

ROBERT.

J'ajouterai, moi, les deux joyaux traditionnels de nos ma-
riages de famille : le chapelet de bois de myrte et le poignard
de Claudia, deux reliques.

ADRIEN.

Ah ! voilà une histoire de poignard que j'ai toujours voulu
apprendre et que toujours on m'a laissé ignorer.

ROBERT.

Ce n'est pas le moment. Allons nous mettre à table.

ADRIEN.

Mais nous ne sommes pas servis, et puis si le dîner arrive,
vous renverrez la suite au prochain numéro.

ROBERT.

Eh bien, mon cher baron, c'est tout simplement une chro-
nique de notre île... elle remonte au siècle dernier, lors des
luttes sanglantes de l'indépendance corse contre la tyrannie de
Gênes.

ADRIEN.

Eh bien ?

ROBERT.

Mon grand-père, partisan dévoué de Paoli, défendait contre
les Génois le fort de San-Pellegrino ; il fut tué dans une sortie,
mais en y laissant sa veuve avec mon père au berceau. Les Génois recevaient tous les jours de nouveaux renforts ; les Corses,
découragés par l'inégalité de la lutte, parlaient de se rendre...
(Entrée d'Anténor qui apporte le dîner.) Savez-vous ce que fit alors la
veuve de mon aïeul ?

ADRIEN.

Que fit-elle ?

ROBERT.

Elle prit son enfant d'un bras et une torche de l'autre, elle
descendit ainsi dans les caveaux de la tour où se trouvaient dix
milliers de poudre, puis elle jura d'y mettre le feu au moment
où un soldat ennemi poserait le pied sur les remparts...

ADRIEN.

Et alors ?...

ROBERT.

Le général qui commandait les Génois fut informé de cette
résolution héroïque ; il aimait depuis longtemps notre aïeule
Claudia Giafféri, comtesse de Sullauze ; il offrit aux Corses de
sortir de la citadelle avec les honneurs de la guerre si la comtesse de Sullauze consentait à l'épouser ; et elle y consentit. Elle
le suivit à l'autel pour tenir sa parole... mais elle se frappa avec
ce noble poignard pour ne pas appartenir à un Génois.

ADRIEN.

Je comprends que vous teniez à ce glorieux héritage.

ANTÉNOR, venant du cabinet de droite.

Monsieur est servi.

ADRIEN.

Me sera-t-il permis d'offrir la main à ma femme ?

ROBERT.

Votre femme ? attendez encore !

ADRIEN.

Enfin, vous permettez ?

ROBERT, prenant le bras de Blanche.

Non, Adrien, non, ce n'est que dans un instant que je vais
prononcer mon oui formel et définitif... Laissez-moi prolonger
le plus longtemps possible ma dernière heure de paternité.

(Robert, Blanche et Adrien entrent dans le cabinet à droite. Immédiatement on voit
sortir à pas de loup, du cabinet de gauche, Olympe, Verneuil et de Sivry.)

SCÈNE VII.

OLYMPE, DE SIVRY, VERNEUIL, ANTÉNOR, puis DE BRÉVAL.

DE SIVRY.

C'était son frère !

OLYMPE.
Oui, mais elle a aussi un prétendu.
VERNEUIL.
Et un prétendu corse!
OLYMPE.
Toute une famille corse qui lui tombe sur les bras!
DE SIVRY.
Je suis furieux!
ANTÉNOR, entrant mystérieusement et s'approchant de lui.
Monsieur... monsieur... monsieur de Sivry.
DE SIVRY.
Hein! que veux-tu?
ANTÉNOR.
Comme toujours, j'ai entendu sans vouloir écouter, et je peux maintenant avoir l'honneur de vous répondre.
DE SIVRY.
Sur quoi? Parle plus haut, je n'entends pas.
ANTÉNOR, parlant très-fort.
Monsieur.... c'était son frère; mais elle a aussi un prétendu corse.
DE SIVRY.
Va-t'en au diable!
VERNEUIL.
Pauvre de Sivry!
OLYMPE.
Voilà une aventure bien vite terminée. Ah! ah! ah! je suis vengée.
DE SIVRY.
Taisez-vous donc, Olympe! on entend vos éclats de rire du boulevard.
DE BRÉVAL, entrant.
Ma foi, oui... je les ai reconnus, et je me suis empressé...
OLYMPE.
Monsieur de Bréval...
DE SIVRY.
Un ami...
VERNEUIL.
Un maître!... C'est Richelieu qui donne la main à Lovelace.
DE BRÉVAL.
Mes amis, je viens déjeuner avec vous.
OLYMPE.
Déjeuner à huit heures du soir!
DE BRÉVAL.
Je me lève.
VERNEUIL.
Heureux mortel.... ce n'est que la nuit qu'il commence à vivre.
DE BRÉVAL.
De père en fils nous ne connaissons pas la vie du jour, dans notre famille.... je tiens cette habitude de l'auteur de mes nuits... Mais qu'as-tu donc, de Sivry, tu parais triste?
DE SIVRY.
Mais non...
OLYMPE.
Mais si...
VERNEUIL.
Je voudrais bien vous voir, vous, monsieur de Bréval, vous, le conquérant de toutes les beautés à la mode, je voudrais bien vous voir amoureux d'une Italienne.
OLYMPE.
Qui va épouser un Italien hérissé de poignards.
DE BRÉVAL.
Bah! j'en ai vu bien d'autres.
OLYMPE.
En Espagne?
DE BRÉVAL.
A Paris!
DE SIVRY.
Où tu as échoué devant une citadelle blonde de la rue Laffitte, à deux pas d'ici.
(Entrée du Garçon, qui apporte le dîner du n°8 ; il montre la fenêtre à gauche.)
DE BRÉVAL.
Échoué... ma campagne ne commence que dans une heure.
DE SIVRY.
Et tu bats en brèche depuis six mois.

DE BRÉVAL.
Mais ma belle vicomtesse a obtenu le prix de vertu.
OLYMPE.
Sans garantie du gouvernement.
DE BRÉVAL.
Pardon! la mairie du deuxième arrondissement la cite comme modèle à toutes les mariées dans son discours d'état civil.
DE SIVRY.
Allons, allons, tu feras bien de renoncer à elle.
DE BRÉVAL.
Jamais!
DE SIVRY.
Je te donne l'exemple. (Montrant le cabinet de droite.) Adieu à cette belle jeune fille.... Je l'aurais adorée demain, je puis encore l'oublier aujourd'hui.
OLYMPE.
Bravo! Il faut être philosophe, comme le renard des raisins verts.
VERNEUIL.
Tu es grand comme moi... Quand je ne puis pas obtenir une femme, j'y renonce.
ANTÉNOR, rentrant.
Madame est servie.
DE BRÉVAL.
Allons déjeuner.
OLYMPE.
Qui m'aime me suive!
VERNEUIL.
Je vous aime.
DE BRÉVAL.
Je vous suis. (A de Sivry.) Viens-tu? (Ils entrent dans le cabinet à gauche, moins de Sivry.)
DE SIVRY.
Me voilà. (Il va pour les suivre.)
ANTÉNOR, lui parlant à l'oreille.
Monsieur!... il s'appelle le comte de Sullauze, il a une maison de campagne à Enghien, et le futur, le jeune Corse, adore sa fiancée, mademoiselle Blanche, qui est folle de lui.

SCÈNE VIII.
DE SIVRY, seul.

Folle de lui! folle de lui!... et je renoncerais à elle, moi!... Non, l'obstacle même... et les railleries de mes amis me feraient persister dans mes projets, dans ma résolution. (Écoutant à travers la cloison à droite.) Le jeune homme parle... il fait ses projets d'avenir... Oh!... comme il se promet d'aimer sa femme!... sa femme!... Et elle!... elle l'aime aussi!... Que sa voix est douce! que d'amour dans cette voix!... Oh! ce bonheur est intolérable!... je suis furieux!... je suis... je suis jaloux!

SCÈNE IX.
DE SIVRY, DE BRÉVAL.

DE BRÉVAL, une serviette à la main.
As-tu perdu la tête ou l'appétit? nous t'attendons. (Tout en parlant ainsi, il marche vers le balcon de gauche et regarde avec agitation.)
DE SIVRY.
Je suis à vous, je calculais une différence... J'ai acheté à soixante-quatorze, douze mille... je perds un franc vingt centimes.
DE BRÉVAL, quittant le balcon.
Écoute, de Sivry... tu n'es pas sincère avec moi.
DE SIVRY.
Comment?
DE BRÉVAL.
Ton sang-froid est un mensonge, et je ne te crois pas.
DE SIVRY.
Mais.. de Bréval...
DE BRÉVAL.
Tu penses toujours plus que tu ne voudrais à ta jeune Italienne.
DE SIVRY.
Que dis-tu?
DE BRÉVAL, tout en regardant du côté du balcon.
Depuis que je suis là, tes yeux n'ont pas quitté cette porte... (Il montre la droite.)
DE SIVRY.
Comme les tiens n'ont pas quitté cette fenêtre, d'où tu peux apercevoir les rideaux de la belle vicomtesse.
DE BRÉVAL.
Je ne dis pas non, je ne veux pas mentir à l'instant où je t'accuse de manquer de franchise.

DE SIVRY, lui montrant le balcon.

Cette femme, tu l'aimes donc bien?

DE BRÉVAL.

Sais-je ce que c'est que d'aimer? Est-ce notre cœur, est-ce notre volonté même qui nous lance dans ces folles intrigues à travers lesquelles nous vivons l'un et l'autre depuis des années? Est-ce le bonheur, est-ce le plaisir que nous y rencontrons jamais? la vanité, le triste orgueil d'inscrire sans cesse un nom de plus sur la liste de nos maitresses.

DE SIVRY, tirant de sa poche un petit portefeuille très-élégant.

Oui, sur cet agenda.

DE BRÉVAL, en tirant un absolument semblable.

Oui, sur celui-ci.

DE SIVRY.

Les deux jumeaux.

DE BRÉVAL.

Bah!... ils ont eu bien des frères peut-être depuis que notre chère Olympe de Beautreillis... A cette époque, Françoise Duval, du nom très-obscur de son père, s'est avisée d'en offrir un pareil à chacun de ses privilégiés.

DE SIVRY.

On le dit.

DE BRÉVAL.

Doux échange de procédés délicats... on lui fait présent d'un cachemire de mille écus.

DE SIVRY.

Ou d'une parure de deux mille.

DE BRÉVAL.

Et elle vous donne un petit portefeuille de dix francs.

DE SIVRY.

Les petits cadeaux...

DE BRÉVAL.

N'entretiennent pas l'amour... Depuis l'agenda je ne crois plus à Olympe.

DE SIVRY.

Ni moi non plus.

DE BRÉVAL.

Eh bien, cher ami... ce portefeuille-là, c'est notre destinée... C'est peut-être notre perte à tous les deux...

DE SIVRY.

Notre perte!

DE BRÉVAL.

J'en ai peur... j'ai un pressentiment là, et les pressentiments ne me trompent jamais... Oui, le métier d'homme à bonnes fortunes est misérable, je me le dis souvent, n'attends que malheur de cette vie, et cependant, je la poursuis toujours! Et ce soir, sans amour peut-être, mais avec la ferme volonté de réussir, j'irai chez ma belle vicomtesse, et demain... demain... j'inscrirai ses initiales sur mon agenda.

DE SIVRY, reprenant son agenda.

Et moi aussi, demain, je veux...

DE BRÉVAL, lui arrêtant la main.

N'en fais rien, crois-moi, prends au sérieux la parole dite légèrement par toi, tout à l'heure, rononce.

DE SIVRY.

Et toi?

DE BRÉVAL.

Moi!... il est trop tard!... (Regardant le balcon.) Cette femme, tout Paris sait que depuis six mois je lui fais une cour assidue, et qu'elle me dédaigne.

DE SIVRY.

Je te comprends..... C'est de là que vient ta grande passion, l'obstacle, l'impossible..... Comme moi!...

DE BRÉVAL.

Toi!... c'est bien différent..... Tu es au début d'une aventure, et moi je touche au dénoûment.

Qui sait!

DE SIVRY, poussant un cri étouffé en regardant du côté du balcon.

Ah! j'en suis sûr à présent.

Comment?

DE SIVRY.

Ce volet qu'elle vient d'entr'ouvrir.

Eh bien?

DE BRÉVAL.

Cela m'annonce...

DE SIVRY.

Quoi donc?

DE BRÉVAL.

Cela m'annonce que le mari vient de partir... tandis que toi, le frère et le prétendu sont toujours là.

DE SIVRY.

C'est vrai, c'est vrai, toujours!...

DE BRÉVAL.

Crois-moi, de Sivry, il est temps encore, suis mes conseils et non pas mon exemple... Adieu!...

(Il sort par le fond.)

SCÈNE X.

DE SIVRY, puis le comte DE SULLAUZE, BLANCHE, ADRIEN, ANTÉNOR.

DE SIVRY.

Au revoir!... Il triomphe!... et moi!... (Regardant à droite, la porte s'ouvre.) Les voici!... (Il se jette vivement derrière un rideau d'où on ne cesse de le voir pendant la scène suivante. Robert de Sullauze, sa sœur et Adrien sortent du cabinet de droite. Anténor les précède.)

ROBERT, à Anténor.

Faites avancer ma voiture.

ANTÉNOR, montrant une porte à pan coupé au 2ᵉ plan du côté droit.

Par là, monsieur le comte.

(Il sort du côté qu'il indique.)

BLANCHE.

Que je suis heureuse!

ADRIEN.

Que je vous rends grâce!...

ROBERT, souriant.

J'ai donc fini par dire oui?...

BLANCHE.

Si, tu l'as dit, mon frère!

ROBERT.

Le moyen de te résister à toi!...

BLANCHE.

Je n'ai rien demandé.

ROBERT.

Non, tu m'as embrassé; c'est ta manière d'obtenir.

BLANCHE, l'embrassant.

Mon bon frère... non, mon bon père.

ROBERT.

Là!... qu'est-ce que je vous disais!... Eh bien! oui, Adrien, mon cher Adrien, le comte de Sullauze vous donne franchement et irrévocablement sa parole un mois avant le mariage. Amenez-moi votre mère, et je fixerai le jour avec elle.

ADRIEN, à Blanche.

Ma mère, comme elle vous aimera!...

BLANCHE.

Je l'espère bien!...

ANTÉNOR.

Monsieur le comte.

ROBERT.

Adrien, le bras à... à ma fille!... à votre femme!

ADRIEN.

Enfin! (Ils sortent par la porte de droite au deuxième plan. Le Garçon sort par le fond, et, au même moment, Verneuil et Olympe rentrent en scène par la gauche, tenant à la main chacun un verre de champagne.)

SCÈNE XI.

DE SIVRY, OLYMPE, VERNEUIL.

DE SIVRY, quittant le balcon.

Sa femme!...

OLYMPE, riant.

Eh bien! oui, sa femme!... A leur bonheur!

VERNEUIL.

A leur postérité!... (Olympe et Verneuil trinquent ensemble, boivent et remettent leurs verres sur une table.)

DE SIVRY.

Olympe!.... Verneuil!...

OLYMPE.

Ah çà, mais vous êtes fou, mon cher, vous avez oublié de dîner... C'est donc un amour très-sérieux? je vous plains!...

(Elle rit.)

VERNEUIL, riant de même.

Et moi aussi!... Belle Olympe, je suis sûr qu'on en est au troisième acte de l'opéra.

OLYMPE.

Nous gagnerons les deux premiers.

VERNEUIL.

Mais votre toilette?

OLYMPE.

Nous gagnerons les trois derniers.

VERNEUIL.

Nous arriverons pour voir baisser le rideau. (A de Sivry.) Bonne chance, de Sivry!...

OLYMPE.

Adieu, perfide; je laisse au poignard de Claudia le soin de ma vengeance. (Elle sort, en riant, par le fond avec Verneuil.)

SCÈNE XII.

DE SIVRY seul, puis **BRÉVAL**.

DE SIVRY.

Le poignard de Claudia... Eh!... que me feraient les dangers, les obstacles, si je pouvais espérer?... Oh! c'est du délire, de la folie... mais j'espère!... Bréval, je suivrai ton exemple, et non pas tes conseils; à quelque prix que ce soit aujourd'hui, aujourd'hui même je la reverrai, j'espère, parce que je veux... Partons!... (Un coup de pistolet dans la coulisse.) Un coup de feu, de la fumée à cette fenêtre! serait-il arrivé quelque malheur à Bréval? Ces pressentiments dont il parlait? Non!... le voilà... il traverse la rue... il revient. (Bréval entre.) Comme tu es pâle! tu te soutiens à peine... Qu'as-tu donc? (Il a remonté vivement la scène. La porte du fond s'est rouverte. De Bréval paraît sur le seuil; il est très-pâle, chancelle, et vient appuyer sa main sur le dos d'un canapé. De Sivry recule avec un effroi involontaire.)

DE BRÉVAL.

Ce que j'ai? Je... je meurs!

DE SIVRY.

Bréval, mon ami!

DE BRÉVAL.

Je te l'avais dit, c'est un métier misérable... que le nôtre... tôt ou tard... un châtiment... j'ai le mien!...

DE SIVRY.

Ton châtiment!...

DE BRÉVAL.

Le mari... il était là... et... dans sa colère...

DE SIVRY.

Eh bien?

DE BRÉVAL.

Regarde... (Il lui montre sa poitrine ensanglantée.)

DE SIVRY.

Du sang!... un meurtre!...

DE BRÉVAL.

Légitime!... J'ai une mère!... s'il se peut qu'elle ignore... Tiens, quand on va venir, que personne ne trouve sur moi... cette honte!... ce recueil d'infamies... (Il lui remet son agenda.) Et toi, n'oublie pas... (Il pousse un cri et tombe.) Ah!

DE SIVRY, courant à une sonnette et la secouant avec force.

Bréval! mais du secours, mon Dieu! du secours!... (Bréval revient à lui.)

DE BRÉVAL, relevant la tête et faisant un dernier effort.

Inutile... perdu!... ma mort est juste... adieu!... (Il meurt. — Anténor, plusieurs Garçons et d'autres personnes entrent de tous les côtés. On se groupe autour de Bréval mort et de Sivry qui le soutient dans ses bras.)

ACTE II.

A Enghien, à la villa de Robert, comte de Sullauze. — Le théâtre représente un appartement donnant par trois portes vitrées au fond sur un parc, au milieu duquel, très en évidence, un grand chêne. A droite du spectateur, au premier plan, une porte conduisant à la chambre de Blanche. Au deuxième plan, de ce même côté, un secrétaire. A gauche, au premier plan, une cheminée; au deuxième plan, en pan coupé, une alcôve avec des rideaux fermés. Tables et canapé sur le devant de la scène.

SCÈNE PREMIÈRE.

FABRICIO, ZANETTA. Zanetta range dans l'appartement, Fabricio entre par le fond.

ZANETTA.

C'est vous, Fabricio?

FABRICIO.

J'apporte ces deux lettres pour monsieur le comte.

ZANETTA.

Monsieur le comte est auprès de sa sœur... Il la veille toutes les nuits avec moi.

FABRICIO.

Pauvre jeune fille!

ZANETTA.

Nous vivons ici comme dans un tombeau, toujours les grilles et les volets fermés!... Aussi la maison est d'un triste, d'un triste depuis un mois...

FABRICIO, préoccupé.

Oui, depuis cette matinée où j'ai trouvé mademoiselle évanouie là-bas, au pied de ce chêne!

ZANETTA.

Justement le lendemain du jour où notre jeune maître avait fini par consentir à son mariage... Vous voilà rêveur, Fabricio, que supposez-vous?

FABRICIO.

Moi, je ne suppose rien.

ZANETTA.

Je me rappelle que souvent, en Corse, par les belles nuits, mademoiselle ne craignait pas de se promener aussi dans le parc, autour du château.

FABRICIO.

Oui, mais ici, nous ne sommes pas au pays. Les environs peuplés de Paris pourraient offrir plus de danger que les campagnes désertes de la Corse.

ZANETTA.

Silence! voici, monsieur le comte.

FABRICIO, à part.

Par mon saint patron! je ferai ce que je dois... je me déciderai à parler avant ce soir. (Le comte entre.)

SCÈNE II.

LES MÊMES, ROBERT. Le comte entre pâle et abattu et va s'asseoir sur le canapé.

ROBERT.

Elle s'est assoupie enfin, après une nuit de fièvre et le délire... J'ai pu la quitter un instant, ma pauvre sœur!...

ZANETTA.

Monsieur le comte!

ROBERT, brusquement.

Que me voulez-vous?

ZANETTA.

Que monsieur le comte me permette de lui faire observer que tant de veilles épuiseront ses forces.

ROBERT.

C'est bien!

ZANETTA.

Et que monsieur le comte pourrait s'en rapporter à moi seule pour avoir soin de mademoiselle.

ROBERT.

C'est bien, merci, Zanetta, pardonne-moi ma brusquerie, je souffre tant!... Chère Blanche d'où peut venir cet état de langueur et d'anéantissement complet de ses facultés? La cause de cet affreux malheur, qui me le dira? Elle avait la jeunesse, la fortune, la beauté; sa vie s'était écoulée calme et paisible; l'avenir s'ouvrait devant elle souriant et sans nuages; ses rêves de jeune fille, elle allait les voir s'accomplir, sa poésie nuptiale réalisée; elle allait accompagner à l'autel le fiancé de son choix, le préféré de son cœur... puis, un soir, elle reste seule, dans le parc, sans que nous ayons remarqué son absence; ne se promenait-elle pas ainsi maintes fois en Corse, sous les vieux pins qui environnent le château?... Et le lendemain, Fabricio la trouva évanouie au pied de cet arbre... Le froid de la nuit de ce climat, si différent du nôtre, l'avait-il saisie et glacée? Tu m'appelais, Fabricio, nous parvenons à la ranimer, mais son œil morne se fixe sur moi, sans me reconnaître... elle m'écoute sans m'entendre, je suis un mois, je suis un étranger pour elle, moi, son frère, moi, qui lui ai donné toute ma vie!... Ah! vous m'avez vu pleurer, mes amis, c'est encore alors que je souffre le moins...

FABRICIO.

J'oublie que j'ai deux lettres pour monsieur le comte.

ROBERT.

Des lettres!... Qui peut m'écrire?... Que m'importe le monde entier maintenant?

FABRICIO.

L'une porte le timbre d'Ajaccio.

ROBERT, l'ouvrant.

Ah! d'Adrien! Il m'annonce qu'il sera bientôt de retour avec sa mère, qu'il arrivera presque aussitôt que cette lettre.

FABRICIO.

Qui est arrivée depuis hier au soir, monsieur.

ROBERT.

Il va revenir et trouver sa fiancée dans cet état que nous voulons cacher avec tant de soin. Fabricio?...

FABRICIO.

Monsieur?...

ROBERT.

La consigne ordinaire ne suffirait pas pour lui... Que l'on dise au baron Adriani que nous venons de partir, ma sœur et moi; un voyage indispensable et imprévu aux frontières d'Allemagne, vous m'entendez.

FABRICIO.

Oui, monsieur le comte.

ROBERT.

Et cette autre lettre? donnez!... Ah! du médecin! Le résultat de la consultation d'hier... Grand Dieu!

FABRICIO.

Monsieur!...

ROBERT.

Cette langueur, cette léthargie leur paraît une maladie mortelle, un cas désespéré!... désespéré!...

ZANETTA, à Fabricio.

Regardez, Fabricio... M. le comte ne pleure pas en ce moment.

ROBERT.

Et tout à l'heure encore, en me désolant à l'idée qu'elle était folle, je m'écriais qu'il ne pouvait pas m'arriver un plus grand malheur. Ah! je ne savais pas ce que je disais ! On revient de la folie, on ne revient pas de la tombe. (En ce moment, on entend sonner la cloche de la grille. Robert se lève.) Ah! qui peut venir?... Adrien, peut-être... Courez vite, Fabricio.. trop tard, le voici ! (Adrien entre vivement.)

SCÈNE III.
ADRIEN, ROBERT, FABRICIO, ZANETTA.

ADRIEN, courant, embrasse le comte.

Mon cher comte!...

ROBERT.

Adrien !...

ADRIEN.

Eh! oui, c'est moi, malgré toutes vos consignes ! vos gens affectaient de ne pas me reconnaître. Il m'a fallu décliner mes noms, prénoms et qualités... Le baron Adrien Adriani, fiancé de mademoiselle Blanche de Sullauze. Où est-elle ?... mon ami, où est-elle ?

LE COMTE.

Blanche ?... mais...

ADRIEN.

Mais au fait, je n'y songe pas !... elle ne doit pas être encore visible... Comment donc ! j'arrive à Paris à sept heures du matin, et, presque immédiatement après, je tombe chez vous à Enghien de toute la vitesse du chemin de fer. Le moyen de me retenir, quand je n'ai pas reçu de vos nouvelles depuis un mois! Il faut que je vous en fasse les reproches les plus graves !... n'avoir répondu à aucune de mes lettres !

ROBERT.

Moi ?... au contraire, je vous ai écrit plusieurs fois.

ADRIEN.

Plusieurs fois?

ROBERT.

Par la voie de Marseille.

ADRIEN.

C'est inexplicable !

ROBERT.

J'adressais mes lettres à votre oncle, que je chargeais de vous les faire parvenir.

ADRIEN.

A mon oncle ?... mais voilà un an qu'il demeure à Toulouse! et vous ne le saviez pas?

ROBERT.

Mais non.

ADRIEN.

Je vous pardonne alors... Et, en attendant que je puisse voir ma chère Blanche, je veux me faire annoncer... d'une façon galante pour son mari. (A Fabricio.) Allez chercher dans ma voiture, et apportez ici ce que vous trouverez.

ROBERT.

Quoi donc ?

ADRIEN.

La corbeille de mariage... et d'autres présents de ma mère et de ma famille.

FABRICIO, à part.

Pauvre jeune homme !

ROBERT.

Allez, Fabricio... (Plus bas à Fabricio.) Mais laissez-moi le temps de le désabuser. (Fabricio et Zanetta sortent par le fond.)

SCÈNE IV.
ADRIEN, ROBERT.

ADRIEN.

Je n'ai pas besoin de vous dire qu'aujourd'hui même j'aurai le bonheur de vous présenter ma mère. Comment manquerait-elle de venir assister à mon mariage ? Quant à moi, je n'ai pas été le maître de mon impatience... Pardonnez-moi... j'arrive chez vous à une heure tellement matinale!... C'est que je me considère déjà comme étant de la famille, comme l'enfant de la maison.

ROBERT, lui prenant la main.

Sans doute, mon cher Adrien !

ADRIEN.

Et puis... c'est que votre sœur ne saura jamais à quel point je l'aime ! Il est des choses que j'oserais à peine lui dire !... Savez-vous que là-bas, en Corse, je parlais à tout le monde de mon amour, de ma passion ?... C'était un tort, j'en conviens, mais que voulez-vous, quand le cœur déborde, la bouche parle à l'insu de la raison... Il s'est trouvé là un ami, un railleur, un diseur de bons mots, un célibataire incurable... Il a prétendu que chez moi comme chez tant d'autres, le mariage glacerait l'amour, le mari étoufferait l'amant... Là-dessus, rixe italienne chauffée au soleil corse; nous nous disputons en ennemis intimes; nous nous battons pour rendre hommage aux préjugés, je blesse mon adversaire d'un coup d'épée, nous nous serrons cordialement la main, et l'honneur du mariage est vengé.

ROBERT.

Voilà bien votre vivacité irréfléchie ! Vous exposer ainsi pour un simple propos !

ADRIEN.

Mon Dieu !... vous avez quelques années de plus que moi... et peut-être ne comprenez-vous plus ces choses-là, mon cher comte. Me dire en face que je pourrais cesser d'aimer Blanche ! La vie me paraît trop courte pour que ma constance puisse être un mérite ou une épreuve... Et tenez, s'il faut vous l'avouer, en m'unissant éternellement à elle, une seule pensée vient mêler son amertume à mon bonheur... (Entrée de Fabricio.) C'est l'horrible pensée que Dieu pourrait me reprendre celle que vous me donnez ! c'est l'égoïste pensée que je pourrais exister encore quand elle ne serait plus...

ROBERT, à part.

O ciel ! comment lui dire ?... (Fabricio et Zanetta reviennent, Zanetta apporte des cartons et Fabricio une corbeille de mariage.)

SCÈNE V.
ROBERT, ADRIEN, FABRICIO, ZANETTA.

FABRICIO, au comte.

Sait-il maintenant ?

ROBERT, à Fabricio et Zanetta.

Non... je n'ai pas eu le courage de parler...

ADRIEN.

Eh bien ! approchez, mon cher comte... Regardez ! croyez-vous que votre sœur sera contente ?... Voyez ces étoffes, ces écrins..

ROBERT.

Du goût le plus exquis...

ADRIEN.

Ah ! pour la première fois de ma vie, j'ai compris le bonheur d'être riche... pour pouvoir parer la femme que l'on aime.

ROBERT, lui serrant la main.

Mon cher Adrien !...

ADRIEN.

Appelez-moi votre frère !... ou si vous le voulez, votre fils... quoique ce nom de père ne soit pas encore de votre âge; mais pour la raison, vous avez vingt années de plus que moi, et puis, ne m'avez-vous pas dit cent fois que vous aimiez Blanche comme votre fille ?

ROBERT.

Oui, comme ma fille !... (A part.) Nous serons deux pour la pleurer...

ADRIEN.

Et vous me permettez de revenir dans deux heures, n'est-ce pas?

ROBERT.

Sans doute, mon cher Adrien. (A part.) Je retarde malgré moi l'instant de lui faire partager ma douleur.

ADRIEN.

Ainsi, c'est convenu, dans une heure et demie.

ROBERT.

Allez, Fabricio, accompagnez monsieur le baron...

ADRIEN.

Au revoir, mon ami, j'ai votre permission, je reviens dans une heure... (Adrien sort avec Fabricio par le fond.)

ROBERT.

Toi, Zanetta, il y a trop longtemps que nous l'avons laissée... Va vite... va, cours la rejoindre... (Zanetta sort par la droite.)

SCÈNE VI.
ROBERT, seul.

Tant de joie ! tant de bonheur ! je n'ai pas eu la force de les détruire avec un mot ! Pauvre Adrien ! Il n'apprendra que trop tôt la fatale nouvelle qui doit lui briser le cœur. Blanche condamnée, abandonnée par les médecins ! Oh ! ils ne savent donc pas que j'aurais donné ma fortune tout entière pour la sauver... et je la verrai mourir dans mes bras !... Ma main lui fermera les yeux!... Avant moi elle ira retrouver celle qui est là-haut, et qui, en nous faisant ici ses derniers adieux, l'avait confiée à ma garde... Non! Dieu ne le permettra pas!... Il aura pitié de mes souffrances, de mes prières, de mes larmes! Il lui laissera la vie, du moins, après l'avoir privée de la raison... et je pourrai la voir encore vivante à côté de moi... Et toute ma vie et toutes mes heures appartiendront à la pauvre folle, comme elles ont appartenu à la jeune fille heureuse. Parfois du moins dans sa folie, je la verrai me sourire... Je me dirai qu'à force de soins et de tendresse... je parviendrai à ranimer en elle cette âme, qui fut pendant si longtemps inséparable de la mienne, et que le ciel, peut-être, n'aura pas voulu anéantir... Je me dirai que du moins elle me reconnaîtra, elle me tendra la main, et, à force d'illusion, je pourrai me croire encore heureux... (Il tombe sur un siège en sanglotant. Blanche entre soutenue par Zanetta.)

SCÈNE VII.
ROBERT, BLANCHE, ZANETTA.

ROBERT.
C'est elle! (Se levant.) Oh! que la science des hommes l'abandonne, je lui reste, moi! Viens, viens, ma sœur! (Il la prend des mains de Zanetta et la fait approcher de lui.)

ZANETTA.
Elle a voulu venir dans cette chambre, qui lui rappelle le souvenir de sa mère... (Sortie de Zanetta.)

BLANCHE.
Qui donc es-tu?

ROBERT.
Regarde! ne me reconnais-tu pas?... Je suis ton frère, ton frère qui t'aime!

BLANCHE.
Non... non... personne ne peut m'aimer... je n'ai pas de frère...

ROBERT.
Blanche! au nom du ciel!...

BLANCHE.
Laisse-moi... je ne puis plus entendre qu'une seule voix au monde... celle de ma mère...

ROBERT.
Blanche! Blanche! écoute-moi.

BLANCHE.
Blanche!... oui... j'ai connu une jeune fille de ce nom.

ROBERT.
Rappelle-toi...

BLANCHE.
Oh! je n'ai rien oublié, rien... Je me rappelle jusqu'à ce conte de ma nourrice... une légende corse... *Le Brigand et la Jeune Fille*...

ROBERT.
Cette vieille légende...

BLANCHE.
Par un jour de mai, brillant de lumière,
Du bois de sapins qui couvre les monts,
Le brigand sortit, et sur la lisière
Il vint cheminer du pas des démons.
Pourquoi son œil sombre, au même instant brille?
Qu'a-t-il aperçu, marchant vers le bois?
Un ange du ciel, une jeune fille,
Priant et chantant de sa douce voix.
Jeune fleur d'amour, jeune fleur vivante,
Elle s'avançait le cœur tout joyeux...
Et, dans un regard rempli d'épouvante,
Le bandit fatal la suivait des yeux.
Va, chemine ainsi, pauvre jeune fille,
Tes plus beaux trésors sont tes yeux charmants;
Avec ton panier, va sous la charmille,
Et garde les fleurs, ou tes diamants.
C'est ce qu'il disait au fond de son âme.
Une idée horrible a brûlé son front,
Sa lèvre frémit, son œil noir s'enflamme;
Quand il est tout seul, le crime est bien prompt!
Aux cœurs innocents toujours le ciel donne
Le secours sauveur qu'on n'attendait pas;
Sous un chêne vert la sainte Madone
Du Corse bandit arrête les pas.
Il reste immobile, et sur la prairie
Il laisse passer la timide enfant;
Il la voit marcher vers sa métairie;
L'enfer est vaincu, le ciel triomphant.
Rentre dans ton bois, rien ne peut atteindre
L'angélique front que le ciel défend.
Le val est désert, le jour va s'éteindre;
La sainte Madone a sauvé l'enfant!...

(Riant avec égarement.) Ah! ah! voilà ce qu'on me racontait dans mon enfance!

ROBERT.
Voyons, Blanche, ne me repousse plus... reconnais moi..... ou, si cela est impossible encore... tâche au moins de rassembler d'autres idées... Regarde autour de toi... regarde bien cette chambre...

BLANCHE.
Cette chambre?... Oh! je la reconnais bien... et cette alcôve...

ROBERT.
Souviens-toi, souviens-toi...

BLANCHE.
Cette alcôve!... (Après un temps, en poussant un cri.) O ma mère! ma mère!

ROBERT.
Elle se souvient!...

BLANCHE.
Ma mère! c'est là que pour la dernière fois tu m'as embrassée! c'est là que pour la dernière fois tu m'as bénie! (Riant tout à coup du rire de la folie.) Ah! ah! on me l'a dit aussi dans mon enfance: C'est un gage de bonheur que la bénédiction d'une mère. Ah! ah! je suis heureuse, moi, je suis... je suis heureuse, moi...

ROBERT.
Heureuse!

BLANCHE.
Assurément!... Vois plutôt!... la preuve, c'est que je ris toujours! Ah! ah! ah! je ne pleure jamais!... je voudrais pleurer, que je ne le pourrais pas... Oh! que je souffre!

ROBERT.
Ma sœur, ma pauvre enfant!

BLANCHE.
Une larme, mon Dieu! faites-moi verser une larme; tout mon sang pour une larme!

ROBERT.
Mon Dieu, si elle doit toujours souffrir ainsi, n'ayez pitié que d'elle et ôtez-la-moi!

BLANCHE.
J'étouffe, j'étouffe dans cette salle!...

ROBERT.
Viens, viens respirer dans le jardin. (Il lui prend le bras. Blanche, en allant aux portes du fond, recule avec un cri.)

BLANCHE.
Oh! ce chêne!...

ROBERT.
L'arbre au pied duquel elle a été trouvée évanouie.

BLANCHE, regardant au fond épouvantée.
Voyez-vous, voyez-vous ce spectre?... Arrière, démon de la nuit, arrière!...

ROBERT.
Comment tirer de ces ténèbres un rayon de lumière?... quelle image offrir à ses yeux?... Ah! peut-être cette corbeille de mariage... (Il met la corbeille sous les yeux de Blanche.)

BLANCHE.
Ah! la belle corbeille de mariage!... elle est à moi, cette corbeille... je me marie aujourd'hui... voilà mes dentelles, mes cachemires, mes bijoux... Oh! la belle corbeille!... mais il y manque quelque chose!

ROBERT.
Que veut-elle dire?

BLANCHE, cherchant dans la corbeille.
Je ne l'y trouve pas!

ROBERT.
Que cherche-t-elle ainsi?

BLANCHE, cherchant encore.
Où est-il? où est-il?... (Elle regarde de toutes parts, fixe ensuite les yeux sur le secrétaire, court l'ouvrir, et en tire un poignard.) Le voici! le poignard de Claudia... le poignard que m'a légué ma mère!

ROBERT, avec un mouvement pour le lui arracher.
Grand Dieu! cette arme...

BLANCHE.
Ce devait être aussi mon présent de noces!

ROBERT.
Blanche! ma sœur!

BLANCHE.
N'approchez pas! Laissez-le-moi laissez-le-moi!... Je sais bien de qui je suis la fiancée... A moi le voile noir, à moi la couronne de verveine! Je suis la fiancée de la mort... Je veux, je dois mourir!...

ROBERT.
Malheureuse!...

BLANCHE.
O ma mère! n'est-ce pas toi-même qui me l'ordonnes?... Je vois ton ombre... j'entends ta voix... Tu me dis: Ma fille, ma pauvre fille, reviens... reviens à moi... rappelle-toi cette nuit fatale...

ROBERT, ne perdant pas de vue la main de sa sœur qui presse toujours convulsivement le poignard contre sa poitrine.
Cette nuit fatale!... Écoutons. (Il la regarde, elle demeure un instant immobile.)

BLANCHE.
Je l'entends... je l'entends toujours, ma mère... C'est toi, c'est toi qui, de là-haut, me redis cette légende dont fut bercée mon enfance... «Reviens, reviens à moi, ma fille, car le bandit s'est levé pour toi dans les ténèbres.»

ROBERT.
Le bandit?...

BLANCHE.
Mais tu n'as pas eu de Madone pour te sauver toi!... Tu vois bien qu'il faut que tu meures!... (En achevant ses mots, elle dirige le poignard vers sa poitrine. Robert jette un grand cri et tombe aux genoux de sa sœur en lui retenant la main. Blanche s'arrête, le regarde fixement, laisse tomber le poignard et se jette dans les bras de son frère en fondant en larmes.) Ah! mon frère!...

ROBERT.
Elle me reconnaît!... Les larmes lui ont rendu la raison!...

BLANCHE.
Ah! laissez-moi pleurer... Les larmes, c'est la rosée du ciel! (Elle éclate en pleurs.)

ROBERT, l'embrassant encore, Blanche, comme frappée d'un souvenir et d'un dernier accès de vertige, s'arrache avec une sorte d'effroi des bras de Robert, mais la voix et les regards de celui-ci la rappellent vers lui.)
Ma pauvre sœur! ma fille!...

BLANCHE.
C'est vous... C'est toi, c'est bien toi, mon frère, qui me presses dans tes bras, sur ton cœur?...

ROBERT.
C'est moi, moi qui mêle mes larmes aux tiennes.

BLANCHE.
Frère, qu'ai-je dit dans mon délire?... Je me souviens. Ah! Dieu a mis en toi le don de seconde vue, et tu me crois, n'est-ce pas? et au nom de notre mère, tu me pardonnes?...

ROBERT.
Te pardonner, malheureuse enfant! l'innocence, la vertu la plus pure, n'a pas besoin de pardon. (Fabricio entre.)

SCÈNE VIII.
ROBERT, BLANCHE, FABRICIO.

FABRICIO, entrant vivement.
Monsieur le comte! monsieur le comte!

ROBERT.
Qu'est-ce donc?

FABRICIO.
M. le baron qui revient!

BLANCHE.
Adrien?

ROBERT.
Tu peux faire entrer. (Fabricio sort.)

BLANCHE, voulant se retirer.
Adrien, mon Dieu!... Comment paraître devant lui?... Ah! mon frère! laisse-moi, laisse-moi partir.

ROBERT.
Non, tu dois être là, sœur, pour confirmer ce que je vais lui dire... Demeure, je te demande un suprême effort de courage... Ne t'éloigne pas, je t'en supplie, ne t'éloigne pas.

SCÈNE IX.
BLANCHE, ROBERT, ADRIEN.

ADRIEN, entrant et voyant de loin Blanche qui, les yeux fixés, s'appuie convulsivement sur le bras de son frère et n'ose regarder celui qui s'approche.
La voilà... c'est elle!... (A Robert.) Pardon, mon ami, pardon, si j'ai devancé encore l'heure; permettez-moi de ne pas m'en repentir, puisque je suis assez heureux pour... Mais que vois-je, mademoiselle! cette pâleur?

ROBERT, très-froidement.
Monsieur le baron...

ADRIEN.
Ce ton cérémonieux?

ROBERT.
C'est celui que je dois prendre pour vous annoncer... que ce mariage est impossible.

ADRIEN, reculant.
Impossible! Ah! comte, ne vous faites pas un jeu de mon amour!

ROBERT.
Je vous le répète, ce mariage est impossible...

ADRIEN.
Quoi! lorsque ce matin encore, vous m'avez accueilli comme votre frère?

ROBERT.
C'est que, ce matin, je n'ai pas eu la force de vous dire ce que je vous dis maintenant.

ADRIEN.
Non... je ne puis croire encore...

ROBERT.
Il le faudra, cependant... lorsque je vous prierai de reprendre ces présents de noce...

ADRIEN.
Les reprendre, monsieur?

ROBERT.
Je serai alors obligé de vous les renvoyer.

ADRIEN.
Est-ce bien vous que j'entends? Je reste foudroyé, anéanti! En quoi donc m'avez-vous reconnu tout à coup indigne de la main de votre sœur?

ROBERT.
Ne m'interrogez pas, monsieur...

ADRIEN.
C'est donc mademoiselle Blanche que j'interrogerai... elle dont le silence en ce moment...

ROBERT.
C'est un silence qu'elle ne rompra que pour vous dire comme moi...

BLANCHE, lentement.
Ce mariage est impossible...

ADRIEN.
Il est donc vrai! je n'en puis douter... C'est elle-même qui me le dit... et je me croyais aimé!... aimé!... Ah! malheureuse! je vous aime encore, moi!... Je vous aime tellement que j'accuse le destin, la fatalité, le monde entier, plutôt que vous, mademoiselle. Je vous aime de tant d'amour, qu'en vous disant un adieu... éternel peut-être... je trouve dans mon cœur déchiré plutôt le désespoir pour moi... qu'un reproche pour vous! (s'inclinant.) Monsieur le comte, mademoiselle, je me retire en me demandant encore si vous n'allez pas me rappeler... Non, non, pas un mot, pas un signe!... Il y a dans tout ceci un secret affreux... que mon désespoir même respecte... Monsieur le comte, vous êtes trop cruel pour moi en ce moment, vous devez être juste... et vous me direz un jour ce secret, si ma douleur me laisse vivant... (Il sort.)

SCÈNE X.
ROBERT, BLANCHE.

BLANCHE.
Il est parti! un instant de plus, et j'ai cru que je serais tombée morte devant lui...

ROBERT.
Ce n'est plus de lui qu'il faut parler, sœur, mais de l'autre...

BLANCHE, avec angoisse.
Ah!...

ROBERT.
L'autre... l'infâme... qui est-il?

BLANCHE.
Ah! mon frère, je n'ai retrouvé ma raison que pour comprendre l'excès de mon malheur...

ROBERT.
Réponds! parle! son nom?...

BLANCHE.
Je l'ignore...

ROBERT.
Un signe seulement, un indice...

BLANCHE.
Rien! je ne sais rien... C'est horrible à penser... Cet homme serait dans la même maison que moi, dans la même chambre que moi... à côté de moi... devant moi... je ne pourrais pas le reconnaître... (Fabricio entre.)

ROBERT.
Et cependant, par le ciel, il faudra bien que je le trouve!

SCÈNE XI.
BLANCHE, ROBERT, FABRICIO.

FABRICIO, s'approchant de son maître et lui parlant à mi-voix.
Monsieur le comte... il y a un mois, dans la matinée du seize juin, parmi les hautes herbes, au pied de cet arbre, j'a-

trouvé ce portefeuille... (Il remet à Robert un agenda pareil à ceux qu'on a vus au premier acte.)
ROBERT.
Ce portefeuille!... je saurai à qui il appartient...
BLANCHE.
Mon frère! qu'allez-vous faire? qu'allez-vous tenter?...
ROBERT.
Je ne sais ce que je ferai pour le venger, ma sœur, mais je jure que je te vengerai... C'est moi qui dois seul poursuivre, découvrir et châtier le coupable! A moi d'ouvrir les yeux pour le reconnaître, d'étendre le bras pour le saisir!... A moi d'être dans cette affaire le juge qui instruit et le bourreau qui frappe... (Prenant sa sœur dans ses bras.) Prie seulement Dieu pour qu'il m'inspire... pour qu'il m'éclaire!... A moi de devenir le justicier de mon honneur.

ACTE III.

Le théâtre représente une vue prise au bal Mabille. Bosquets illuminés avec les verres de couleur. Tables et chaises dans les bosquets.

SCÈNE PREMIÈRE.

ANTÉNOR, DANSEURS ET DANSEUSES, HABITUÉS DU BAL MABILLE, CONSOMMATEURS.

(Le rideau se lève à la fin d'un quadrille; des couples de danseurs traversent le théâtre au fond. Des groupes de consommateurs sont assis aux tables sur le devant de la scène. Anténor va et vient à droite et à gauche, portant des glaces et des rafraîchissements.)
LES CONSOMMATEURS, à droite.
Garçon!
ANTÉNOR.
Voilà l'orgeat demandé!
LES CONSOMMATEURS, à gauche.
Garçon!
ANTÉNOR.
Voilà les glaces demandées!
PLUSIEURS VOIX, en scène et dans la coulisse.
Garçon! garçon! garçon!
ANTÉNOR.
Voilà! voilà! Je sue à grosses gouttes! Diable! je me fatigue plus ici que dans un restaurant du boulevard. Il me tarde que l'été soit fini pour rentrer à la *Maison d'Or*.
PLUSIEURS VOIX, plus fort qu'avant.
Garçon! garçon! garçon! garçon!
ANTÉNOR.
Voilà! voilà!... Comment répondre à tant de monde à la fois? (Il sort. Olympe, Flora et Carmen entrent de différents côtés. Les tables se dégarnissent, et les consommateurs disparaissent pendant la scène suivante.)

SCÈNE II.

OLYMPE DE BEAUTREILLIS, FLORA, CARMEN.

OLYMPE, à part.
Je ne le vois plus!
FLORA, à part.
Où se cache-t-il?
CARMEN, à part.
Je ne le trouve donc pas? (Pendant cette scène, quelques éclairs, le bruit du tonnerre, mais très-éloigné.)
FLORA.
Tiens! Carmen, Olympe!
OLYMPE.
C'est vous, mes amies! Vous venez encore à Mabille?
FLORA.
Le jour du bon ton, le samedi... Mais toi-même, Olympe?
CARMEN.
Tu attends sans doute monsieur de Sivry?
OLYMPE.
Oh! mes pauvres enfants, vous n'êtes guère au courant; monsieur de Sivry est devenu un homme impossible.
TOUTES DEUX.
Comment?
OLYMPE.
Il n'est plus le même. Autrefois, vous le savez, c'était un coureur d'aventures, l'amant des amours faciles... ces dandys sont si paresseux!
FLORA.
Et avec cela, d'une indiscrétion, d'une vanité...
CARMEN.
Divulguant tous les secrets qu'on avait le malheur de partager avec lui.

OLYMPE.
Enfin, monsieur de Sivry était un de ces hommes qui aimeraient mieux n'avoir aucune femme et laisser croire qu'ils les ont toutes, que de les avoir toutes et laisser croire qu'ils n'en ont pas... Aujourd'hui, révolution complète : il est discret, réservé, grave dans son maintien, sévère dans ses discours... il a des mœurs et des principes maintenant.
FLORA.
Lui?
CARMEN.
Depuis quand?
OLYMPE.
Depuis... (Tonnerre au lointain. Olympe tressaillant et s'arrêtant.) Oh! l'orage!
CARMEN.
Il est bien loin.
FLORA.
Ce n'est rien, continue. Monsieur de Sivry a des principes depuis...
OLYMPE.
Trois mois environ! Nous avions dîné ensemble ou plutôt diné sans lui... à la *Maison-d'Or*... Le lendemain, changement complet. Ce n'était plus le même homme; grave comme un habit noir, empesé comme une cravate blanche... Aussi, je vous en réponds, nous ne le verrons pas à Mabille...
CARMEN.
C'est ce qui te trompe! Regarde!
FLORA.
Oui! le voilà avec son ami, maître Verneuil! (De Sivry entre donnant le bras à Verneuil.)

SCÈNE III.

DE SIVRY, VERNEUIL, OLYMPE DE BEAUTREILLIS, FLORA, CARMEN.

OLYMPE.
Monsieur de Sivry, est-ce bien vous?
FLORA.
Olympe a de la peine à en croire son lorgnon.
OLYMPE.
Vous à Mabille?
VERNEUIL.
Oh! il est venu presque malgré lui, entraîné par mon éloquence.
DE SIVRY.
Je me sens d'ailleurs parfaitement en garde contre cette fausse gaieté des bals publics.
VERNEUIL.
Contemplez-le, mesdames! Quelle allure austère! Ne dirait-on pas qu'il sollicite de vous un certificat pour obtenir le prix de vertu?
FLORA.
C'est à ne pas le reconnaître!
OLYMPE.
Voyons, monsieur de Sivry, soyez franc! d'où vous est venue cette belle conversion? Je vous ai laissé amoureux d'une Italienne; et...
DE SIVRY, tressaillant.
Que voulez-vous dire?
OLYMPE.
Oui, une jeune Corse, dont vous ne connaissez pas même le nom...
DE SIVRY.
Taisez-vous!...
OLYMPE.
Mais vous étiez bien déterminé, malgré son frère et son prétendu..; et même malgré le poignard de Claudia...
DE SIVRY.
Mais taisez-vous donc, mademoiselle!
LES DEUX AUTRES FEMMES.
Le poignard de Claudia?
VERNEUIL, avec mystère.
De Sivry n'aime pas qu'on lui rappelle ce souvenir, je ne sais pas pourquoi... mais chaque fois que je lui en parle...
DE SIVRY.
Cela m'est fort indifférent, je vous assure... vous oubliez toutefois que j'annonçai formellement alors mon intention de renoncer à cette fantaisie... Et maintenant, si vous tenez absolument à connaître la véritable cause de ce changement qui vous étonne en moi, je ne vous cacherai rien.
OLYMPE.
Dites-nous tout de suite.

VERNEUIL.
Pour nous édifier !

DE SIVRY.
Je ne vous ferai pas un récit, je me bornerai à citer un fait. J'avais en quelque sorte un émule en dévergondage brillant, en cynisme de bon ton ; il s'appelait le marquis de Bréval. Vous avez tous tressailli à ce nom, c'est que vous vous rappelez sa fin tragique. Il l'a trouvée dans un boudoir, c'étaient là nos champs de bataille, et il devait être frappé, lui, là où nous avions conquis l'un et l'autre notre déplorable célébrité. Bréval est mort dans mes bras, et si la punition a été pour lui, la leçon a rejailli sur moi.

OLYMPE.
Oui, il y avait là de quoi vous impressionner...

DE SIVRY.
Sans compter la suite.... Verneuil, tu t'y es trouvé mêlé.

VERNEUIL.
Comme avocat ! oui, mesdames ; la mère de monsieur de Bréval se porta partie civile après la mort de son fils, et voulut poursuivre celui qu'elle appelait son meurtrier. Grâce à toi, de Sivry, je fus choisi pour plaider cette grande cause... J'en étais tier, c'était mon début au barreau, mon premier plaidoyer !... et je croyais avoir la partie belle.... le vicomte de Chaulnes, le mari accusé, refusait de m'opposer un avocat ; il tenait à venir se défendre lui-même à la barre du tribunal. Je fus étourdissant d'entrain, de vivacité et d'énergie ; mais en dépit de toute mon éloquence, ce hardi criminel, ce monstre coupable d'avoir tué l'amant de sa femme, fut acquitté à l'unanimité. Ce n'est pas ma faute, le jury était composé d'hommes mariés.

OLYMPE.
Ce qui fait que vous avez échoué pour votre début.

VERNEUIL.
J'ai échoué avec éclat.... Voici en quels termes les journaux parlent de moi... (Il tire un journal.) « Maître Verneuil a essuyé un échec aussi brillant qu'incontestable ; c'est un homme de talent qui prendra sa revanche. » Permettez, mesdames, que je vous offre à chacune un exemplaire de ma plaidoirie.

(Il donne un journal a chacune des trois femmes.)

FLORA.
Il en a fait collection.

CARMEN.
Et il la porte toujours avec lui.

OLYMPE.
Merci, maître Verneuil, je vous promets de ne pas la lire.

DE SIVRY.
Eh bien ! mesdames, votre curiosité est-elle satisfaite ?... J'ai assisté tour à tour à la mort de mon ami et à ce procès scandaleux pour sa mémoire, n'est-ce pas assez pour que je ne sois plus le même, et pour que je renonce, comme me le conseillait Bréval peu d'instants avant sa mort, au triste métier d'homme à bonnes fortunes ?

FLORA.
C'est une conversion décidément sérieuse.

OLYMPE.
Monsieur de Bréval est mort, pleurons monsieur de Sivry !

CARMEN.
Une larme à sa mémoire !

VERNEUIL.
Et je me charge de son oraison funèbre.... « Il était une fois un successeur de Lovelace... »

(Les trois femmes font un mouvement d'effroi, et lui mettent la main sur la bouche.)

OLYMPE.
Assez... Si vous prodiguez ici votre éloquence, il n'en restera point pour vos clients.

VERNEUIL.
Méchante !

OLYMPE.
Mais puisque vous voilà devenu, monsieur de Sivry, ce modèle de sagesse précoce que nous admirons, que venez-vous donc faire à Mabille ?

DE SIVRY.
Je viens... tenez, c'est l'ami Verneuil qui me l'a conseillé, je viens chercher un acquéreur pour ma petite maison.

OLYMPE.
Ah ! la maison de la rue Cassette, ce délicieux séjour qui date de la fin de la Régence, et qui fut témoin de tant de charmantes aventures...

DE SIVRY.
Vous comprenez qu'une pareille demeure ne peut plus être la mienne, que je dois songer à m'en défaire, et qu'ici j'ai quelque chance de trouver...

VERNEUIL.
Tous les acquéreurs... régence sont ici.

OLYMPE.
Il a raison... J'ai votre homme.

TOUS.
Comment ?

OLYMPE.
Votre acquéreur, je le trouve, il est ici.

TOUS LES AUTRES PERSONNAGES.
Qui donc ?

OLYMPE.
Mon Dieu ! mesdames, vous avez dû le voir comme moi... un jeune et parfait gentilhomme, généreux comme un prince indien, à qui nous voterons, par acclamations, la présidence de nos fêtes, puisqu'il vous plaît d'abdiquer, monsieur de Sivry. C'est un être mystérieux et attachant comme une énigme qui ne dit pas son mot. Il a en même temps une voix douce et sombre, il parle avec les yeux, avec le geste, avec les contractions de la main, avec les sourires de la lèvre ; il parle même quand il se tait. Le mystère l'enveloppe comme un vêtement. Personne ne le connaissait il y a une heure, et avant la fin de la soirée tout le monde le connaîtra. Nous sommes déjà une demi-douzaine dans le bal qui nous demandons s'il arrive d'Asnières ou de Pondichéry.

FLORA.
Ce portrait...

CARMEN.
Je le reconnais.

TOUTES DEUX, ensemble.
C'est lui !

LES DEUX HOMMES.
Mais qui ? lui !

OLYMPE.
Le marquis de Verrières, ou, si vous l'aimez mieux, le marquis Infernal, un surnom que je lui ai donné tout à l'heure, et qui lui restera, n'est-ce pas, mesdames ?

VERNEUIL, à Flora et Carmen.
Vous le connaissez ?

FLORA.
Depuis une demi-heure.

CARMEN.
Moi, depuis vingt minutes.

OLYMPE.
J'avais l'avance sur vous.

VERNEUIL.
Et vous l'admirez ?

FLORA.
Mais... je l'écoute.

CARMEN.
Il m'amuse.

OLYMPE.
Il m'intéresse et en même temps il me fait peur.

DE SIVRY.
Diable !... fixer l'attention de trois femmes telles que vous !... C'est donc un véritable homme supérieur !

(Éclairs et tonnerre plus rapprochés que la première .ois..)

OLYMPE.
Ah ! mon Dieu !... l'orage s'est rapproché.

VERNEUIL.
Un orage d'été !

OLYMPE.
C'est égal... je tremble toujours au bruit du tonnerre.

LES DEUX AUTRES FEMMES.
Et moi aussi !

(En même temps, à la lueur d'un éclair, Robert, comte de Sallauze, paraît sous le nom de marquis de Verrières ; il est enveloppé d'un manteau doublé de rouge ; le reste de sa mise est d'une recherche extrême, d'une élégance outrée. Il a une perruque blonde très-volumineuse et très-frisée, de grands favoris, ce qui lui donne une physionomie toute différente de celle des premiers actes et le rend absolument méconnaissable. Il vient se placer entre Olympe et les deux autres femmes.)

SCÈNE IV.

FLORA, CARMEN, OLYMPE, ROBERT, sous le nom de Verrières, VERNEUIL, DE SIVRY.

ROBERT.
Rassurez-vous, belles dames, me voilà !

FLORA, CARMEN, OLYMPE, reculant toutes trois en poussant un petit cri.
C'est lui !

ROBERT, riant.
Je vous ai fait peur, pardon ! la foudre qui gronde, l'éclair qui brille. Ah ! ah ! j'arrive à point, belle Olympe, pour justifier le surnom dont vous venez de m'honorer.

OLYMPE.
Expliquez-nous, monsieur le marquis... Qu'est-ce que vous m'avez dit ce soir?
FLORA.
Et à moi?
CARMEN.
Et à moi?
ROBERT.
La même chose à toutes les trois, vous êtes charmantes... Je cherchais les trois déesses de la fable, et puisque je les trouve réunies, plus galant et plus juste que Pâris, je vous prie d'accepter trois prix de beauté.
CARMEN.
Trois!
FLORA.
Sans accessit?
OLYMPE.
Et pas de pomme.
ROBERT, étendant la main.
Voilà le pommier... cueillez!
OLYMPE.
Trois bagues!...
VERNEUIL, à de Sivry.
C'est un progrès depuis Paris!
FLORA.
Le bel arbre! (Elle prend une bague.)
OLYMPE.
La belle branche! (Elle prend une bague.)
CARMEN.
Le beau fruit! (Elle prend une bague.)
FLORA.
Quel homme adorable!
OLYMPE.
Je vous l'avais dit, ce n'est pas un homme, c'est un nabab!
CARMEN.
C'est une fée de l'Opéra... Mais la polka nous appelle.
(On entend le bruit de l'orchestre.)
OLYMPE.
On nous attendra jusqu'à la suivante.
ROBERT.
Et pour vous faire prendre patience... (Appelant Anténor qui passe.) Garçon! garçon! des glaces pour ces dames.
ANTÉNOR.
Vanille, pistache, orange, citron? (Il présente aux trois femmes la carte des glaces.)
DE SIVRY.
Garçon, des cigares!
ANTÉNOR.
Voilà! voilà! (Il sort.)
OLYMPE, bas à de Sivry.
Votre acquéreur, le voici... Permettez, messieurs, que je vous présente l'un à l'autre.
VERNEUIL.
Je réclame le même honneur.
OLYMPE.
Soyez tranquille, je commence par vous... Marquis de Verrières, maître Verneuil, jeune avocat de la plus haute espérance. (Verneuil salue Robert avec beaucoup d'affectation. Celui-ci, inclinant la tête, l'orgne très-attentivement et en silence.)
VERNEUIL, à part.
Je crois que ma physionomie l'a frappé... Si je lui offrais un exemplaire. (Il tire à moitié de sa poche un exemplaire de son plaidoyer. Robert, après un instant, fait un sourire de dédain presque imperceptible et lui tourne le dos. Verneuil remet le papier dans sa poche.)
ANTÉNOR.
Les glaces demandées! les cigares demandés!
OLYMPE, en indiquant Robert à de Sivry et réciproquement.
A votre tour, messieurs... Monsieur de Verrières... Monsieur de Sivry, monsieur de Verrières. (Robert, reprenant son lorgnon, regarde fixement aussi monsieur de Sivry, qui semble ici inspirer un violent sentiment de répulsion.)
DE SIVRY, à part.
Pourquoi me regarde-t-il ainsi?
ROBERT, lorgnant toujours et affectant de sourire.
Pardon, monsieur, n'ai-je pas eu l'honneur de vous rencontrer déjà chez la baronne de Gondreville, rue Taranne?
DE SIVRY.
Non, monsieur, je ne connais personne dans cette rue. (Robert regarde encore, puis sa physionomie indique qu'il ne connaît pas de Sivry et qu'il triomphe de l'aversion instinctive qu'il lui avait d'abord inspirée. Il salue de nouveau de l'air le plus gracieux et retourne causer les avec Olympe.) Il a une étrange manière de dévisager les gens.
VERNEUIL.
N'est-ce pas?... Aussi, je lui ai tenu tête, il a vu à qui il avait affaire et il m'a tourné le dos.

OLYMPE.
Mais, pour compléter la présentation, laissez-moi ajouter, monsieur le marquis, que monsieur de Sivry est un ermite qui se retire du monde... à telles enseignes qu'il est tout disposé à vendre sa petite maison.
ROBERT, revenant vivement à ce mot vers de Sivry.
Ah! une petite maison!
OLYMPE.
Style Louis XV, et que dans son bon temps, avant d'être l'homme sérieux et grave que vous voyez aujourd'hui, monsieur de Sivry appelait son pavillon de Hanovre.
ROBERT, observant toujours, tout en affectant beaucoup de légèreté.
En vérité?... cette élégante et mystérieuse retraite où monsieur de Richelieu, notre maître à tous, abritait contre la colère des amants et des maris ses innombrables conquêtes.
VERNEUIL.
Le pavillon de Hanovre! je connais ça... c'est un tailleur qui a remplacé Richelieu.
ROBERT, de plus en plus gaiement, et foudroyant toujours de Sivry de son regard.
Vous avez le bonheur de posséder une maison comme était celle-là, monsieur?
VERNEUIL.
Je l'ai vue, et je réponds d'avance qu'elle vous plaira, monsieur le marquis.
ROBERT, lui répondant vaguement sans perdre de vue de Sivry.
Ah! vous croyez?
VERNEUIL.
Un vrai nid d'amour et machiné comme une pièce féerie, et puis des dessus de portes incendiaires, des boudoirs diaphanes, partout des amours de Boucher et des nymphes de Fragonard, une bonbonnière en marqueterie, en stuc et en pâtisserie, ou, comme on eût dit alors, le sanctuaire des Grâces, le temple de la Volupté, une succursale de Cythère, de Paphos et d'Amathonte.
ROBERT, toujours à de Sivry.
Charmant, adorable en vérité, monsieur, et je vous en félicite. Mais de qui tenez-vous donc cette ravissante propriété?
DE SIVRY.
Un héritage d'un de mes oncles, commandeur de Malte, un des derniers hommes de ce siècle qui aient su porter l'habit à la française.
ROBERT.
Et vous voulez sérieusement vous en défaire?
DE SIVRY.
Sérieusement.
ROBERT.
Pourquoi?
DE SIVRY.
Pardon, monsieur... si réellement vous étiez l'acquéreur que je cherche, je ne vous demanderais pas pourquoi il vous plairait de l'acquérir.
ROBERT.
Mais vous auriez tort, car je n'hésiterais pas à vous répondre; quoi de plus délicieux au monde que de vivre au milieu du dix-neuvième siècle de la vie folle et voluptueuse que menaient nos aïeux en pleine Régence?
DE SIVRY.
Alors, je vous réponds à mon tour que j'ai fait essai de cette vie, qu'elle est trompeuse autant que coupable, et que j'y ai renoncé et que j'y renonce pour toujours.
ROBERT.
Sans jeter un regard en arrière!... Ah! monsieur! nous ne nous ressemblons pas... et j'éprouve, moi, qu'on ne refait pas sa nature; que, malgré nos suprêmes efforts pour en triompher, nos cœurs, nos sentiments, nos passions restent toujours les mêmes. Non, je ne comprends pas qu'après avoir goûté de cette vie que vous dédaignez aujourd'hui, on puisse jamais y renoncer. Les mœurs de la Régence! Avoir toujours des bourses pour les soubrettes et des coups d'épée pour les jaloux! Avoir de l'agilité pour l'escalade, de l'élasticité pour les séjours forcés dans les armoires ou les ruelles, de la cruauté dans le cœur, mais de la tendresse dans le sourire; jamais l'ombre d'une émotion, mais des larmes à volonté; employer tous les moyens, échelles de soie, fausses clefs, voitures fermées, enlèvements... employer... jusqu'à la violence et jusqu'à l'incendie... Le plaisir, et rien que le plaisir à travers tous les dangers et tous les obstacles... Advienne que pourra, et après nous le déluge!... C'était la devise de nos aïeux... et morbleu! c'est aussi la mienne!... (Vicomont à de Sivry.) La vôtre... allons, convenez-en donc, monsieur, c'est votre devise?
DE SIVRY.
Non pas.
OLYMPE, montrant Robert.
Avez-vous entendu, mesdames?

VERNEUIL.

Je l'admire, cet homme!... Monsieur, je vous admire; monsieur, je voudrais vous ressembler. (Il veut lui serrer la main, de nouveau le comte lui tourne le dos avec impatience, puis il revient à de Sivry pour l'observer encore. Celui-ci est demeuré tout à fait impassible.)

DE SIVRY, de l'air le plus froid et le plus insouciant du monde.

J'ai le malheur de ne pas être de ton avis, mon pauvre Verneuil. Je ne veux pas m'ériger en moraliste auprès de M. le marquis de Verrières; mais j'ai envers lui un devoir de conscience à remplir, puisqu'il s'agit d'une affaire entre lui et moi, et que c'est à propos de cette affaire, du projet de vente de mon immeuble de la rue Cassette, qu'il a parlé avec tant d'enthousiasme de la Régence. Ces bonheurs qu'il vient de dépeindre, ce sont à mes yeux autant d'illusions et de mensonges... et je l'engage à bien réfléchir avant d'acheter ma maison.

ROBERT.

C'est bien, monsieur, je réfléchirai. (Il cesse de regarder de Sivry et paraît profondément découragé pendant toute cette scène; on a pris des glaces et fumé des cigares. — Ici, on entend de nouveau le bruit de l'orchestre.)

OLYMPE.

Écoutez! écoutez!... une scotisch irrésistible!

LES TROIS FEMMES.

A la scotisch! (Plusieurs jeunes gens paraissent au fond, cherchant des danseuses.)

VERNEUIL.

Viens donc, de Sivry, tu pourras au moins regarder.

OLYMPE.

Et vous, monsieur de Verrières...

ROBERT.

Moi! pardon, mon enfant, je me réserve pour la fin de la soirée, pour...

OLYMPE.

Ah! oui, je sais... pour le dernier galop, celui que Musard a baptisé du surnom que je vous ai donné... Marquis Infernal; au revoir...

ROBERT.

Au revoir, ma belle marraine!

VERNEUIL.

Mesdames, l'archet n'attend pas... A la scotisch! (Sortie.)

SCÈNE V.

ROBERT, seul, puis ANTÉNOR.

ROBERT.

Je suis seul et je puis quitter mon masque de folie. Le marquis Infernal, moi!... Ah! ah! ah! ris donc, pauvre frère à la recherche de l'infâme qui a déshonoré ta sœur! Trois mois! trois mois! trois mois tout entiers de recherches inutiles! (Tirant de sa poche l'agenda que Fabrizio lui a remis à la fin de l'acte précédent.) Rien qui vienne dénoncer à ma fureur le misérable à qui appartient ce portefeuille, le misérable qui a écrit ces lignes honteuses, le récit de toute une vie de perversité et de débauche! Ce portefeuille, impossible de trouver celui à qui il appartient... d'où il est venu... Chez les marchands, pas de réponse... on suppose qu'il vient d'une fabrique de Londres... voilà tout!... Je m'avise de retourner dans ce restaurant où j'avais dîné le quinze juin avec ma sœur et Adriani... Je me dis que peut-être le crime part de cette maison... J'interroge, je veux savoir quelles personnes ont dîné ce jour-là dans le cabinet qui faisait face au nôtre. La date du quinze juin paraît, en effet, les maîtres de l'établissement; mais ils ne savent qu'une chose, c'est qu'à cette date, à huit heures du soir, un homme blessé mortellement dans une maison voisine est venu expirer dans leurs salons; pour le reste, ajoutent-ils... (Ici, Anténor rentre et se met à desservir les tables où l'on a pris des glaces. Robert, sans le reconnaître ou plutôt sans faire attention à lui, continue de parler en marchant avec agitation.) « Pour le reste, le garçon de service pourrait seul vous renseigner, et, par malheur, ce garçon a quitté le soir même notre établissement; nous ne savons pas ce qu'il est devenu. »

ANTÉNOR.

Monsieur le marquis, ces glaces sont-elles à votre compte?

ROBERT.

C'est bien, payez-vous.

ANTÉNOR.

Un billet de cent francs, je vais vous rapporter votre monnaie.

ROBERT, marchant toujours de plus en plus agité.

Je vais à la police : « Monsieur, me dit-on, nous trouverons » votre homme... rien n'est plus aisé, il y a chez nous des » limiers de génie. Nous aurons un faux dandy, un renard con- » vert de la peau du lion, et qui se faufilera dans toutes ces » sociétés douteuses, où la jeunesse indiscrète et fanfaronne » chante ses victoires entre la flamme du punch et la fumée de » tabac... Qui sait? le vice est vaniteux, et nous entendrons » peut-être raconter le crime par le coupable lui-même... c'est » presque toujours ainsi que nous prenons les voleurs. » J'ai refusé; mais, ayant trouvé l'idée bonne, j'ai voulu me servir à moi-même d'agent et de limier, et j'ai fouillé Paris dans tous ses recoins dorés, dans tous ses repaires fangeux et lustrés au vernis. Je me suis assis devant tous les tapis verts clandestins, où l'on biscaute les cartes et les femmes à huis-clos; je suis entré dans ces réduits nocturnes interdits au soleil, où des beautés frelatées ont des éclats de rire qui ressemblent à des sanglots; là, j'ai vu passer devant moi des haillons vrais, du velours faux, des faces badigeonnées, des fantômes à patente, des vieillards galvanisés, des jeunes gens octogénaires, des parodies de l'amour, un monde hideux qui parle un argot enroué, une langue d'alcool, et qui, en vous touchant, laisse sur la main le froid glacial des reptiles. J'ai entendu des propos fous, des entretiens sans suite, des paroles oiseuses, des échos de tour de Babel, et je suis sorti en me demandant si Dieu nous a donné la jeunesse pour la vieillir à la minute en la bouleversant dans un estaminet! Que de fois j'ai mesuré la longueur des foyers de théâtre! Dans ce flux et ce reflux des entr'actes où tant de paroles se croisent, tant de riens se disent, tant de confidences éclatent, tant de secrets se divulguent, dans ce concert du public où les voix se mettent au diapason criard des artistes, j'ai prêté une oreille avide, et je n'ai recueilli que le bruit des lèvres, le plus stupide de tous les bruits. Pendant trois mois j'ai tenu dans mes mains tous les journaux du soir, avec l'intention de ne lire que des visages de passants, de ne connaître d'autre journal que celui qui parlaient mes voisins. Jamais un mot, un de ces mots qui donnent une idée, qui sont les noms des chemins par où doit passer ma vengeance. J'ai entendu, j'ai entendu des misérables se vanter de beaucoup de mauvaises actions, mais pas un de celle dont je poursuis l'auteur! J'ai appris les secrets des autres et je ne sais pas le mien!... Souvent, tous les jours, je rencontre sur mon chemin un visage qui me déplaît, qui m'offusque, qui m'irrite, comme celui de ce monsieur de Sivry tout à l'heure, et je crois alors à l'instinct, à la Providence, au jugement de Dieu... Et rien! rien! toujours rien!... Partout où je vais, une voix intérieure me crie : Il doit être là, devant toi, il le heurte en passant, il le regarde en face, il le parle peut-être!... Et je ne puis m'écrier : C'est lui! je ne puis pas le saisir avec une main de fer, le juger, le flétrir, l'écraser!... Oh! pas un rayon, pas un signe indicateur, pas même le doute qui conduit à la vérité!... Vous m'avez abandonné, mon Dieu mes forces me trahissent et mon courage va défaillir... Soutenez-moi, mon Dieu! soutenez-moi! (Il tombe comme épuisé sur un banc placé au pied d'un arbre. — Anténor est rentré en scène, a achevé de desservir les glaces, puis se rapproche de Robert.)

ANTÉNOR.

Monsieur le marquis, votre monnaie.

ROBERT.

Laissez-moi.

ANTÉNOR.

Pardon, monsieur le marquis, j'ai reçu de vous un billet de cent francs, et je n'ai à prendre que neuf francs cinquante centimes; en conscience, je ne peux pas.

ROBERT, que la voix du Garçon a fini par frapper, et l'examinant.

Attends!... attends donc!... Cette voix... cette figure... je te connais.

ANTÉNOR.

Je ne dis pas non, je suis très-connu dans tous les cafés et tous les restaurants de Paris : à la Rotonde, au café Anglais, aux Provençaux, chez Vachette, chez Philippe, et à la Maison-d'Or.

ROBERT.

La Maison-d'Or!... oui, c'est là, c'est là que je t'ai vu pour la première fois le quinze juin.

ANTÉNOR.

Le quinze juin!... la veille de mon départ... vilaine soirée!... Un homme mort... je voudrais l'oublier que je ne le pourrais pas.

ROBERT.

Écoute... Efforce-toi, en effet, de ne rien oublier... rassemble bien tous tes souvenirs.

ANTÉNOR.

Mes souvenirs sur la mort de ce monsieur?

ROBERT.

Eh! non, mais tu servais à la fois...

ANTÉNOR.

Deux cabinets, le numéro sept et le numéro huit, oui, monsieur le marquis.

ROBERT.
Te rappellerais-tu quelles pouvaient être les personnes?
ANTÉNOR.
Qui dînaient dans le numéro sept?... parfaitement! Un frère et sa sœur, des étrangers, des Italiens... La sœur, belle comme un ange!... Le frère, un homme superbe... Tenez, de votre taille à peu près, et avec eux, je crois, un prétendu.
ROBERT.
Non, non, ce n'est pas cela. En face?
ANTÉNOR.
Le numéro huit?... Pardieu! si je me souviens, des habitués éternels de la maison... Monsieur de Sivry, monsieur de Verneuil, mademoiselle Olympe de Beaubreillis.
ROBERT.
Olympe! de Sivry! Verneuil!
ANTÉNOR.
Tous les trois ici, monsieur, tous les trois.
ROBERT, à lui-même.
Ici... oui, je les ai vus, je puis les revoir encore.
ANTÉNOR.
Vous dites, monsieur?
ROBERT.
Continue, mon garçon, continue... De Sivry, Verneuil, Olympe... Olympe de Beaubreillis?
ANTÉNOR.
Oui, monsieur, jolie femme, très-distinguée, fille d'un portier, pianiste, écuyère, danseuse, élève du Conservatoire, etc. Son véritable nom, Françoise Duval.
ROBERT, s'écriant et regardant l'agenda.
Françoise Duval!
ANTÉNOR.
Olympe est son nom de théâtre à l'Hippodrome, et ses bonnes amies les plus mortelles lui ont donné le sobriquet de la Femme aux Agendas.
ROBERT, s'écriant.
Hein? que dis-tu? La Femme...
ANTÉNOR.
Aux Agendas!... Oui, monsieur le marquis, parce qu'on prétend qu'à son retour d'un voyage en Angleterre, elle en aurait rapporté une pacotille et qu'elle l'aurait distribuée à toute la France.
ROBERT.
Qui dit cela?
ANTÉNOR.
La réclame scandaleuse. Mais, dans notre monde, il ne faut jamais croire que la trente-cinq millionième partie de ce qu'on dit. La vérité historique... je suis historien avant tout, monsieur... c'est au dessert que je surprends tous les secrets; on ne ment jamais au champagne... La vérité, c'est qu'elle a donné en tout et pour tout deux agendas : le premier à monsieur de Sivry...
ROBERT, à part.
De Sivry! toujours, toujours ce nom!... (Haut à Anténor.) Et le second, à qui?
ANTÉNOR.
Le second? Ah! je ne sais pas.
ROBERT.
Plaît-il?
ANTÉNOR.
Au moment où j'écoutais... où mademoiselle Olympe, ou, si vous l'aimez mieux, mademoiselle Françoise Duval allait nommer l'heureux possesseur du second portefeuille...
ROBERT.
Eh bien?
CRIS dans la coulisse.
Garçon! garçon!
ANTÉNOR.
Tenez, comme à présent... On a appelé à tue-tête le garçon, et j'ai été obligé... (Il remonte la scène.)
ROBERT.
Un instant!
ANTÉNOR, revenant.
C'est juste! ils peuvent attendre, ceux-là; je reprends mon cours d'histoire. Monsieur, ces deux petits agendas, fabriqués à Londres, étaient ravissants... Un fermoir en or, deux cœurs entrelacés et une devise anglaise qui veut dire : Amour pour la vie, ou bien : Une chaumière et ton cœur, en anglais.
ROBERT, lui mettant l'agenda sous les yeux.
Comme cela?
ANTÉNOR.
Ah! vous aussi, monsieur... vous en avez un?... du même modèle!... monsieur. C'est un des deux... je parie une année de mes gages qu'il n'y en a pas un troisième à Paris; de deux choses l'une : ou M. de Sivry vous a donné le sien...
ROBERT, voyant de Sivry qui paraît au fond.
Tais-toi, M. de Sivry, le voici!... J'ai à lui parler, laissenous.
ANTÉNOR.
Votre monnaie, monsieur?
ROBERT.
Garde-la et va-t-en.
ANTÉNOR.
90 francs de pour-boire!
ROBERT.
Veux-tu partir?
ANTÉNOR.
J'obéis, monsieur (à part). Ce n'est pas le garçon qu'on paye, c'est l'historien.
NOUVEAUX CRIS.
Garçon! garçon!
ANTÉNOR.
Voilà, voilà, voilà!

SCÈNE VI.
ROBERT, DE SIVRY.

ROBERT, remontant la scène et laissant passer devant lui de Sivry qui ne le voit pas.

Lui! lui, peut-être!... et cette fois enfin, mes pressentiments ne m'auraient pas trompé.
DE SIVRY, descendant la scène et se parlant à lui-même.
Il n'est plus ici!... C'est singulier! Le regard de ce jeune homme!... Depuis le quinze juin... toutes les fois qu'un œil scrutateur se fixe sur le mien, j'éprouve une émotion étrange... il y a une conscience... (Robert, descendant la scène, est venu doucement poser la main sur l'épaule de Sivry, qui tressaille.) Ah! vous, vous, monsieur le marquis!
ROBERT.
Moi... j'ai pris mon temps, vous voyez, et suivant vos avis, j'ai fait toutes mes réflexions, je suis fixé; vendez-vous? j'achète.
DE SIVRY.
Ah! vous y tenez?
ROBERT.
Absolument; la description qui m'a été faite de votre petite maison me décide, et je veux, dès demain, réunir mes amis et les vôtres dans ma nouvelle propriété.
DE SIVRY.
Dès demain?
ROBERT.
Oh!... je suis expéditif en affaires; veuillez donc, je vous prie, me donner par écrit le prix de la maison, le nom et l'adresse de votre notaire.
DE SIVRY.
Mais, monsieur...
ROBERT.
Voyons, le garçon vous donnera ce qu'il faut pour écrire.
DE SIVRY.
Inutile... je vais vous donner tous les renseignements au crayon. (Il tire un agenda de sa poche.)
ROBERT, étouffant un cri de surprise et tirant de son sein le premier agenda pour le comparer.
Ah! l'autre portefeuille!... enfin!... voyons toujours l'écriture. (Il se penche sur l'épaule de Sivry; il compare avidement l'écriture de Sivry à celle qui est dans son agenda; peu à peu son front s'assombrit, et il dit avec désespoir.) Non... non... ce n'est pas la même main, ce n'est pas lui!
DE SIVRY, après avoir écrit.
Voilà, monsieur; demain à midi, j'aurai l'honneur de vous attendre rue Casselle, et de là, mon tilbury nous conduira chez mon notaire, monsieur le marquis.
ROBERT, s'inclinant.
Monsieur! (De Sivry s'éloigne. Olympe reparaît d'un autre côté.)

SCÈNE VII.
ROBERT, OLYMPE.

ROBERT.
Encore une fois déçu! à qui m'adresser maintenant?
OLYMPE.
Il achète la petite maison : décidément, c'est un marquis d'aujourd'hui digne d'être un marquis d'autrefois. (s'approchant de lui.) A quoi rêvez-vous, monsieur de Verrières?
ROBERT.
Vous vous, mademoiselle! enchanté de vous revoir, je vous attendais.

OLYMPE.
Vrai?

ROBERT.
Vous m'intéressez...

OLYMPE.
Moi, à quel titre?... Vous me connaissez à peine.

ROBERT.
Si fait... je vous connais assez pour vous raconter toute votre vie.

OLYMPE.
Depuis quand?

ROBERT.
Depuis que vous riez toujours, depuis que vous avez cessé d'être heureuse.

OLYMPE.
Ah! c'est depuis longtemps, alors?

ROBERT.
Écoutez plutôt ce qui vous est arrivé...

OLYMPE.
J'écoute.

ROBERT.
Vous étiez autrefois une heureuse et bonne fille, à... le pays n'y fait rien...

OLYMPE.
A Douai.

ROBERT.
A Douai, soit... un jeune homme, monsieur... le nom n'y fait rien...

OLYMPE.
Julien Louvain...

ROBERT.
Julien Louvain, soit, fit le semblant de vous aimer, et vous promit le mariage...

OLYMPE.
Affreux Julien!

ROBERT.
L'affreux Julien ne vous épousa pas...

OLYMPE.
Vous êtes sorcier...

ROBERT.
Il vous donna un dernier rendez-vous...

OLYMPE.
Et il ne vint pas...

ROBERT.
Alors, ma chère enfant, il vous était impossible de rester plus longtemps dans une ville de province. Trop de voisins médisants connaissaient votre aventure.

OLYMPE.
Et surtout trop de voisines.

ROBERT.
Un jour vous prîtes le chemin de fer et vous vîntes à Paris, ville qu'on appelle à Douai comme partout...

OLYMPE.
Le paradis des femmes...

ROBERT.
Vous étiez pauvre en monnaie courante, mais vous apportiez avec vous trois trésors qui appartiennent à la haute industrie parisienne : la jeunesse, l'esprit et la beauté... Il fallait vivre, condition inexorable qu'on doit remplir.

OLYMPE.
Sous peine de mort.

ROBERT.
Vous avez trouvé bientôt dans votre hôtel garni...

OLYMPE.
Mon hôtel dégarni.

ROBERT.
Vous avez trouvé de bonnes amies qui se sont dévouées à votre misère, qui vous ont montré, dans un voisinage tentateur, la vie, le luxe, l'éclat, la fortune, et vous ont lancée dans un monde qui paye un sourire avec de l'or... Les bons instincts ont lutté en vous, longtemps, mais le fracas des hommages a tué votre réflexion; l'ivresse est venue, et à votre réveil, vous aviez fait trop de pas sur la mauvaise route; vous avez désespéré du retour, et vous avez cherché une vie de fièvre dans un étourdissement de toutes les heures, sous le masque d'une triste gaîté. Excusez ma hardiesse en vous racontant ainsi votre histoire, qui est l'histoire universelle de la jeune fille égarée; j'accuse les hommes, je ne vous accuse pas, je vous plains.

OLYMPE.
Ah! si je n'étais pas à Mabille, comme je pleurerais avec joie! Mais où voulez-vous en venir?

ROBERT.
Je continue. A votre arrivée à Paris, mademoiselle Françoise Duval...

OLYMPE.
Il sait mon nom, mon vrai nom.

ROBERT.
A votre arrivée à Paris, deux de nos dandys à la mode sont parvenus, entre tous, à fixer votre attention et vos préférences, le premier, c'était...

OLYMPE.
Mais, monsieur...

ROBERT.
C'était cet ermite qui veut se retirer du monde, monsieur de Sivry.

OLYMPE.
Qui vous l'a dit?

ROBERT.
Qui me l'a dit?... L'autre... le second...

OLYMPE, étourdiment.
Ah! vous l'avez connu?... monsieur de Bréval.

ROBERT.
Bréval! Enfin, je sais son nom! (ici Verneuil paraît au fond du théâtre et lève la tête au nom de Bréval; Robert, sans le voir, dit bas à Olympe.) Oui, je l'ai connu... nous avons été fort liés... autrefois... mais je l'ai perdu de vue.

OLYMPE.
C'était votre ami?

ROBERT.
Mon très-grand ami... Où est-il, mon enfant? qu'est-il devenu?

OLYMPE.
Oh! mon Dieu! si vous l'aimiez tant, j'ai peur de vous apprendre...

ROBERT.
Parlez, mademoiselle, parlez donc... Qu'est devenu ce monsieur de Bréval?

SCÈNE VIII.
Les Mêmes, VERNEUIL.

VERNEUIL, s'avançant et tirant de sa poche le journal.
Lisez ma plaidoirie, marquis.

ROBERT.
Comment?

OLYMPE.
Oui, lisez.

VERNEUIL.
Belle dame, je venais vous rappeler votre parole; cette valse, vous me l'avez promise.

OLYMPE.
Me voilà; au fait, j'aime mieux une valse que votre plaidoyer. (Ils sortent.)

ROBERT, parcourant le journal.
Mort!... Il est mort celui qui a perdu ce portefeuille; il est mort, et ma vengeance ne peut plus s'adresser qu'à une tombe! Ma pauvre sœur. Ah! qu'ai-je lu? Monsieur de Bréval est mort le quinze juin, à huit heures du soir... Huit heures... il était donc pas à minuit, à Enghien... Mort le quinze juin, à huit heures du soir, à la Maison-d'Or, et dans les bras de monsieur de Sivry!... Ah! j'espère encore, mon Dieu! tu ne m'as pas abandonné! (Musique joyeuse, air de galop très-vif et très-mouvementé. — Rentrée de tous les personnages de l'acte.)

SCÈNE IX.
ROBERT, SIVRY, VERNEUIL, OLYMPE, FLORA, CARMEN.

CRI GÉNÉRAL.
Le galop infernal! le galop infernal!

FLORA.
Entendez-vous, monsieur le marquis?

CARMEN.
On vous demande, on vous réclame!

FLORA.
C'est le dernier galop.

OLYMPE.
Le galop infernal... et vous avez promis?

ROBERT.
Pardon! ce soir, il m'est impossible d'être des vôtres.

TOUS.
Comment! impossible?

ROBERT.
Je vous demande grâce jusqu'à demain! demain, je prendrai ma revanche. Monsieur de Sivry, et vous aussi, maître Verneuil, et vous aussi, mesdames Olympe, Carmen, Flora, j'aurai l'honneur demain, à minuit, de vous attendre dans ma petite maison de la rue Cassette... un souper Régence...

OLYMPE.
Le souper d'inauguration! Viendrez-vous? (Les cinq personnages invités saluent Robert.)

SIVRY.
Demain, à minuit, rue Cassette.
LES AUTRES PERSONNAGES.
Demain, à minuit, rue Cassette. (Robert serre la main de monsieur de Sivry comme pour lui dire qu'il compte sur lui, et il s'éloigne lentement en saluant les autres personnages.)

CRI GÉNÉRAL, après sa sortie.
Au galop! au galop! (Tous les personnages restés en scène dansent un grand galop infernal.)

ACTE IV.

Un salon dans le style de Louis XV, très-élégant. Luxe énorme de fleurs et de bougies, de meubles, de sofas, etc.

SCÈNE PREMIÈRE.

FABRICIO, QUATRE DOMESTIQUES, en grande livrée.

FABRICIO, aux Domestiques.
Vous m'avez bien entendu, des fleurs sur l'escalier, une illumination brillante, un souper splendide, six couverts à minuit... et surtout les meilleurs vins à profusion. Allez, je vous donnerai plus tard les dernières instructions pour cette nuit. (Sortie des domestiques. Fabricio seul.) J'ai fait tout ce que mon maître a ordonné. Je l'ai fait sans le discuter, sans le comprendre... J'ai obéi en aveugle, mais je me demande parfois si c'est bien lui-même qui me commande... on si Dieu, qui a rendu la raison à sa sœur, ne l'a pas frappé à son tour, lui, de vertige et de délire!...

BLANCHE, dans la coulisse.
Laissez-moi!... laissez-moi! J'entrerai, vous dis-je!
FABRICIO.
Ah! mademoiselle Blanche!

SCÈNE II.
BLANCHE, FABRICIO.

FABRICIO.
Vous, dans cette maison!
BLANCHE.
Il n'y est pas, lui? Je veux le voir, je veux parler à mon frère...
FABRICIO.
Au nom du ciel, plus bas! plus bas! Et, je vous en supplie, mademoiselle, éloignez-vous. Pardon, c'est en pleurant que je vous le demande, éloignez-vous, ce n'est pas ici votre place.
BLANCHE.
C'est la sienne, et je veux l'attendre... Quelle maison!... Et c'est lui qui l'habite... On y prépare une fête... et c'est lui qui l'ordonne!... Et dans quel moment, grands dieux!...
FABRICIO.
Mademoiselle...
BLANCHE.
Oh! laisse-moi, Fabricio, je resterai... Je ne partirai pas sans l'avoir vu, lui... C'est que je ne puis vivre plus longtemps, vois-tu, dans cet état d'incertitude et d'anxiété. Il me restait du moins une foi absolue dans le dévouement de mon frère. Eh bien, si cette croyance doit être brisée... mieux vaut que ce soit aujourd'hui, à l'instant. Oui, je connaîtrai enfin le secret de ses continuelles absences... à lui, lui qui pendant de longues années avait vécu pour moi seule, je demanderai s'il m'a déshéritée de sa tendresse, de son affection; à lui, qui a juré de me venger, je lui demanderai comment il tient sa parole...
FABRICIO.
Demandez-lui donc, mademoiselle, car le voici!

SCÈNE III.
LES MÊMES, ROBERT.

BLANCHE.
Le voici!... Ah! comme il est pâle!... comme il est triste!... Toute ma résolution s'en va... Pourquoi suis-je venue?... Ce n'est pas ainsi que je m'attendais à le revoir. (Elle a remonté la scène. Robert a passé lentement et tristement devant elle sans la voir.)
ROBERT.
Fabricio... tu m'as obéi?
FABRICIO.
En tout point, monsieur le comte.
ROBERT.
Tu as été à Enghien?
FABRICIO.
Oui, monsieur le comte; j'ai rendu visite de votre part à notre vieille fermière. Je lui ai remis l'agenda que j'avais trouvé aux pieds de cet arbre le seize juin.

BLANCHE.
Qu'entends-je?...
FABRICIO.
Elle a promis d'aller le porter à la jeune dame dont le nom est inscrit en tête de la première page.
ROBERT.
Françoise Duval; bien, je te remercie... Et notre fête?...
FABRICIO.
Tout est prêt.
ROBERT.
Va, mon ami, mon vieux et fidèle serviteur... Laisse-moi.
FABRICIO.
Mais...
ROBERT.
Laisse-moi... (Jen muet entre Fabricio et Blanche. Elle lui fait signe qu'elle restera. Sortie de Fabricio.)

SCÈNE IV.
ROBERT, BLANCHE. Quand Robert est seul, il va s'asseoir en silence, puis laisse tomber sa tête dans ses mains et pleure.

BLANCHE, à elle-même.
Il pleure!... Oh! mon pauvre frère!...
ROBERT.
Des larmes! de l'abattement!... Vais-je perdre toute ma force quand j'ai à tenter cette dernière épreuve?... Est-ce qu'il ne me faut pas retrouver encore des sourires et des paroles joyeuses pour présider à cette fête?... Allons, Robert, relève la tête; tu n'as rien fait tant que tu n'as pas accompli ta tâche; Robert, pense à elle, pense à ta sœur.
BLANCHE.
Oh! je veux tomber à ses genoux, je veux qu'il me pardonne de l'avoir méconnu. (Elle marche vers le fauteuil du jeune homme et va s'incliner devant lui.)
FABRICIO, annonçant.
Monsieur le baron Adriani. (Blanche pousse un cri étouffé et se jette vivement dans une pièce voisine à droite.)
ROBERT.
Lui!... Il a découvert cette maison... J'avais espéré... Qu'il entre! qu'il entre!...

SCÈNE V.
ROBERT, ADRIEN.

ADRIEN.
Vous!... C'est donc bien vous, monsieur de Sullauze. Je ne voulais pas le croire; bien, sous votre étrange costume, j'avais cru pourtant vous reconnaître devant le Café-de-Paris... J'ai demandé qui vous étiez... Le nouvel acquéreur de cette petite maison de la rue Cassette!... Hésitant et incertain, je suis venu... (Il s'approche.) Et je n'en puis douter à présent... C'est bien vous-même, mon compatriote, et dans un meilleur temps, mon ami, Robert, comte de Sullauze.
ROBERT.
Oui, c'est moi, monsieur le baron!... Qui vous a porté à me poursuivre jusqu'ici? Que me voulez-vous?...
ADRIEN.
D'abord, monsieur le comte, veuillez répondre à cette seule question... Est-elle mariée?
ROBERT.
Mariée? non.
ADRIEN.
Pardon, Blanche, pardon, j'ai douté de toi; je t'ai comptée au nombre de celles qui changent. Pardonne-moi, j'ai tant souffert... Mais que pouvais-je supposer?... Le lendemain même du jour où vous m'avez refusé sa main, après me l'avoir si longtemps promise, j'ai voulu vous faire rétracter cet arrêt impitoyable, je suis retourné à votre villa... je n'ai trouvé qu'une maison déserte... inhabitée... ni maîtres ni gens... personne pour me donner de vos nouvelles!... Que pouvais-je imaginer?... Il y a trois mois de cela, et, depuis trois mois, comprenez-vous tout ce que je souffre? Jours de fièvre, nuits d'insomnie... le désespoir dans chaque minute de ma vie et dans chaque battement de mon cœur!... Je l'ai connu ce degré de souffrance qui fait demander un soulagement redoutable et impie à une balle de plomb!
ROBERT.
Malheureux!
ADRIEN.
Oui... j'étais résolu à mourir, lorsque je reçus de vous cette lettre mystérieuse qui me disait : « Vivez, Adrien, car vous aurez peut-être à me venger... mais, en attendant, n'ouvrez le billet joint à cette lettre que si vous apprenez que je suis tué

en duel... » (Tirant un billet.) Le voilà, ce billet... que renferme-t-il? Ce duel, pourquoi supposer qu'il aura jamais lieu? Et puis, faut-il donc cette condition terrible pour que vous me donniez, à moi, toute votre confiance?... me faut-il attendre votre mort pour recouvrer seulement à titre d'héritage ce nom de votre ami dont j'étais si fier autrefois? Ah! si ce nom ne fut pas une vaine parole dans votre bouche, monsieur... ce billet, ne me permettez-vous pas de l'ouvrir en votre présence?

ROBERT.

Lisez donc, Adrien, lisez!

ADRIEN.

D'où vient que je tremble, maintenant?... (Il ouvre le billet et pousse un cri en tombant dans les bras du comte.) Infamie!

ROBERT.

Contenez-vous!

ADRIEN.

Une tache sur sa vie!

ROBERT.

Mais il n'y en a pas sur son âme!

ADRIEN.

Blanche flétrie!... perdue!...

ROBERT.

Silence!... silence!...

ADRIEN.

Et le coupable, vous n'avez pu le découvrir? Et tous vos efforts!... Répondez!

ROBERT.

Le coupable!... Dieu est juste, et je me crois enfin sur le point de le saisir.

ADRIEN.

Ah! quel qu'il soit, ce misérable m'appartient!

ROBERT.

Non pas!

ADRIEN.

Moi aussi je suis frappé à mort par le crime de cet infâme... laissez-moi le punir, mon ami, laissez-moi nous venger tous les trois. Par pitié, par grâce, je vous en supplie à genoux, laissez-moi me battre avec cet homme.

ROBERT.

A quel titre?... Tu n'étais que l'amant et le fiancé, toi... ce serait seulement une vengeance que tu exercerais. Je suis le frère, moi, et le chef de la famille, et je ferai justice. (Mouvement d'Adrien.)

ROBERT, reprenant avec force.

Écoute-moi, écoute-moi bien, mon ami... car je le reconnais, ce nom dont tu as toujours été digne, je te l'ai toujours aussi gardé au fond de mon cœur. Mais prends bien au sérieux ce que je vais te dire. Si mes soupçons se réalisent, si en effet je dois tenir tout à l'heure dans mes mains l'auteur de notre opprobre et de nos misères, si je parviens à lui arracher son masque... par ton âme, Adrien, par tous les souvenirs de la patrie et de notre jeunesse, par tout ce que tu peux avoir de sacré dans le ciel et sur la terre, ne touche pas à un cheveu de cet homme, laisse-le-moi tout entier... Mon œuvre est à moi seul, seul je dois l'accomplir... seul je suis comptable envers tous, envers toi-même, de l'honneur de ma famille, et je te le jure, ami, je t'en rendrai bon compte.

ADRIEN.

Soit, agis comme tu l'entendras et que le ciel te protège! Mais à chacun son devoir; Robert, ce qui s'est passé est un rêve affreux, mais il ne doit pas laisser plus de traces dans mon esprit que ces larmes n'en laisseront sur mon visage. Robert, tu as voulu rompre les conventions arrêtées entre nous, ton honneur le t'ordonnait, tu as pu le croire du moins; mon honneur à moi m'ordonne de les rétablir. Monsieur le comte de Sullauze, le baron Adriani vous redemande la main de votre sœur.

ROBERT.

Qu'as-tu dit? La main de ma sœur!

SCÈNE VI.

LES MÊMES, BLANCHE.

BLANCHE, paraissant au seuil de la porte à droite.

C'est à moi... à moi seule de répondre.

ROBERT et ADRIEN.

Blanche!

ADRIEN.

Elle ici!

ROBERT.

Qui t'a amenée? que viens-tu faire dans cette maison?

BLANCHE.

T'admirer, te chérir plus que jamais, mon frère, trembler pour toi sans oser t'arrêter dans ta route, car je te connais et je viens de l'entendre. Mais j'ai promis d'abord de répondre à monsieur le baron Adriani. La jeune fille qui devient épouse n'a pas seulement à sauvegarder son propre honneur, mais l'honneur de son mari. Il ne suffit pas qu'elle soit pure aux yeux du ciel et à ses propres yeux, il faut encore qu'elle soit irréprochable aux yeux du monde et de l'opinion. Merci, monsieur le baron, merci, Adrien, de votre générosité... C'est une dernière preuve de votre amour que je n'oublierai de ma vie... mais laissez-moi vous prouver que j'en suis digne, je ne l'accepte pas.

ADRIEN.

Que dites-vous, Blanche?...

BLANCHE.

Je dis ce qui est vrai... ce qui est pour jamais arrêté dans mon âme.

ADRIEN.

Et cependant mes instantes prières...

BLANCHE.

Pourraient augmenter mes regrets, mais ne changeraient pas ma résolution.

ROBERT.

Tais-toi, enfant; Dieu seul connaît l'avenir.

ADRIEN.

Un mot d'espérance!... Ah! mon ami!...

ROBERT.

Trouvez-vous à la pointe du jour à la porte de cette maison... nous partirons.

BLANCHE.

En voyage!

ADRIEN.

Nous partirons tous trois?

ROBERT.

Peut-être aussi d'autres partiront avec nous... commandez deux chaises de poste, Adrien.

BLANCHE.

Quel est donc votre projet?

ROBERT.

Je te le dirais si j'étais sûr de réussir. Mais, quels que soient les événements de cette nuit, quoi que je fasse, crois toujours à ton frère; quoi que je veuille, promets-moi de m'obéir, jure-le-moi par notre mère.

BLANCHE.

Par ma mère, je vous le jure!

ROBERT.

C'est bien!

SCÈNE VII.

LES MÊMES, FABRICIO.

FABRICIO.

Monsieur le comte...

(Il lui fait signe qu'il a à lui parler devant Blanche.)

ROBERT.

Je te comprends; ils approchent. Ouvre à monsieur le baron cette porte qui donne sur l'escalier dérobé; qu'on ne le rencontre pas.

(Il montre la droite, Fabricio va ouvrir la porte. — Robert montrant le côté opposé à sa sœur.)

Toi, Blanche, au fond de cette galerie, tu trouveras une chambre, loin, bien loin d'ici. (A lui-même.) Que le bruit de l'orgie n'arrive pas jusqu'à elle.... (Haut.) Fabricio, tu la conduiras, et quand il en sera temps, tu iras lui dire ma volonté.

BLANCHE.

Mon frère!

ROBERT.

A bientôt, sœur!... Et vous aussi, Adrien, n'oubliez pas?...

ADRIEN.

A la pointe du jour!... Blanche! je puis vivre encore. Votre frère m'a dit d'espérer!

ROBERT.

Venez, venez, mon ami! (Adrien sort par la droite. Fabricio conduit à gauche la jeune fille. Les portes du fond s'ouvrent. Les quatre laquais se rangent. Rentrée bruyante d'Olympe, de ses deux amies, de Verneuil et de Sivry.)

SCÈNE VIII.

ROBERT, sous le nom du marquis DE VERRIÈRES, DE SIVRY, VERNEUIL, OLYMPE DE BEAUTREILLIS, FLORA, CARMEN.

VERNEUIL, lorgnant l'appartement.

Charmant, parole d'honneur! nous sommes en plein dix-huitième siècle... Mais où donc est le chevalier Faublas de Verrières?

OLYMPE.
En effet, où est-il donc?

FLORA.
Il nous invite, et à l'heure même qu'il nous a donnée...

CARMEN.
Il n'est pas là pour nous recevoir.

ROBERT.
Me voilà, mes toutes belles... me voilà!

OLYMPE.
Bonsoir, marquis, bonsoir.

VERNEUIL.
La bande joyeuse est au grand complet, vous voyez! Personne ne manque à l'appel, pas même de Sivry.

ROBERT.
Et je le remercie d'être venu, quand ce ne serait que pour lui dire combien je suis content de mon acquisition! Une véritable petite maison, bien authentique, et, vous l'avez dit, maître Verneuil, machinée comme une féerie. Voyez plutôt.

FLORA.
Quoi donc? (Robert presse un ressort. Il s'élève du dessous du parquet qui s'ouvre une table richement servie. Cris d'admiration des trois femmes.)

ROBERT.
A table!... Il est minuit... et j'ai donné rendez-vous ici, à l'aurore... Oui, belles dames! Louis XIV s'était borné à faire monter les eaux à Versailles, mais Louis XV inventa les machines de Marly pour faire monter les vins!...

VERNEUIL.
C'est le progrès de l'esprit humain! (Les quatre Laquais en livrée, dirigés par Fabricio, qui vient de rentrer, approchent des sièges et servent le souper. On a pris place, Robert entre Carmen et Olympe, de Sivry entre Olympe et Flora; Verneuil entre Flora et Carmen. — Robert échange un signe d'intelligence avec Fabricio.)

ROBERT.
Pour commencer, vous, mon hôte, redevenez vous-même... Pas de sermons!... c'est convenu!... La sagesse est consignée! parlons folie! tenons un langage en rapport avec ces murailles, et figurons-nous que nous sommes nos aïeux.

FABRICIO, versant à boire à M. de Sivry.
Léoville, 42.

ROBERT.
Comment trouvez-vous ce vin?

DE SIVRY.
Parfait! on croirait boire une infusion de bonheur.

VERNEUIL.
Ah! très-bien... le moraliste s'humanise.

DE SIVRY.
Par politesse.

FLORA.
L'ermite va rejeter le froc aux orties.

CARMEN.
Et le diable va reparaître.

OLYMPE.
A la santé du diable!... Je bois à M. de Sivry.

TOUS.
A sa santé...

ROBERT.
Je propose, moi, un toast à notre illustre avocat. Je salue, la coupe à la main, maître Verneuil, la gloire du barreau, l'éloquent défenseur de... Pardon! j'oublie les noms des nombreux clients...

VERNEUIL.
Mes clients... je n'en ai qu'un, un seul, qui en valait cent autres, monsieur...

OLYMPE, vivement.
M. de Bréval?

VERNEUIL.
Un gentilhomme de la bonne école comme vous, et qui vous aurait gaillardement tenu tête à cette table... si une mort prématurée...

ROBERT.
Puisqu'il est mort, suivons l'exemple des sages Egyptiens qui pour se tenir sans cesse avertis de la vanité des choses humaines, faisaient promener une momie autour de la table du festin.

LES FEMMES.
Une momie!...

VERNEUIL.
Voilà de la gaîté égyptienne.

ROBERT.
Mon toast s'adressera donc à la fois à l'avocat et à son client. Buvons à la gloire de maître Verneuil! à la mémoire de M. de Bréval!

TOUS.
A sa mémoire!

OLYMPE, après avoir bu.
Je suis généreuse de le saluer dans l'autre monde, lui qui me persécute encore dans celui-ci.

DE SIVRY.
Comment?
(Attention de tous les personnages et surtout de Robert.)

FLORA.
Tu plaisantes!

OLYMPE.
Du tout! Figurez-vous, mesdemoiselles, que j'ai reçu ce matin la visite la plus inattendue... une vieille paysanne d'Enghien qui m'a rapporté, devinez...
(De Sivry écoute. Robert et Fabricio échangent un signe d'intelligence. Fabricio s'empresse d'aller verser du vin à Sivry.)

VERNEUIL et LES DEUX FEMMES.
Quoi donc?

OLYMPE.
Le portefeuille de monsieur de Bréval... celui-là même que je lui avais donné, et sur lequel, cédant à la manie du jour, il a écrit les mémoires de sa vie.

FABRICIO.
Johannisberg, année de la comète.
(Nouveau signe de Robert à Fabricio, qui va chercher un autre flacon.)

CARMEN.
Quoi! vraiment, le portefeuille?...

FLORA.
De monsieur de Bréval!

VERNEUIL.
De mon unique client?

OLYMPE.
Perdu sans doute un beau soir, et retrouvé un beau matin dans un petit sentier menant à un des chalets nombreux qui entourent le lac d'Enghien.

VERNEUIL, un peu gris.
Moi, je demande...

ROBERT.
Du Château-Laffitte!...

VERNEUIL.
Non! le portefeuille de Bréval.

ROBERT.
Oui... voyons le portefeuille!...

FLORA.
Permettez, messieurs!...

CARMEN.
Si nos noms s'y trouvent!...

OLYMPE, tirant l'agenda de sa poche.
N'ayez pas peur... il y en a bien d'autres!

ROBERT.
Comment?...

OLYMPE.
Je vous défie de les compter!...
(Robert lui prend l'agenda des mains, elle cherche vainement à le reprendre.)

ROBERT.
Ah! des noms de toutes sortes et de tous pays! des noms nobles et bourgeois, français et étrangers... Miss Anna Butler...

VERNEUIL, riant.
Une histoire piquante! je la connais.... C'était une jeune Anglaise de Birmingham. Bréval l'enleva en promettant de l'épouser à Gretna-Green, où l'on se mariait à l'Écossaise (on verse à boire) depuis un temps immémorial; mais ils y arrivèrent justement le lendemain du jour où, par un acte du Parlement, on ne s'y mariait plus!

FLORA.
Il y a des jeunes personnes qui n'ont pas de chance.

ROBERT, lisant sur le portefeuille.
Fausta Ramirez.
(lui, comme pendant toute la scène, il verse et fait verser à boire à de Sivry.)

DE SIVRY, parlant tout en vidant son verre à mesure qu'on le remplit.
Une histoire tragique! je la connais aussi! Bréval avait quelquefois escaladé, la nuit, le balcon de cette Fausta Ramirez,

une brune Espagnole de Grenade; au bout de deux mois d'intrigue andalouse, Bréval reprit le chemin de la France; or, il venait d'arriver dans une hôtellerie de Vittoria. (On verse à boire.) Tout à coup la porte s'ouvre, et qui paraît?... c'est Fausta Ramirez qui venait à sa poursuite. Une minute après, la fenêtre s'ouvre; qui paraît encore?... c'est le père qui venait à la poursuite de Fausta. L'explication fut terrible. Le père tua la fille, et Bréval tua le père!

(Mouvement d'effroi parmi les différents personnages.)

OLYMPE.

Marquis infernal, je commence à croire que vous êtes distancé par ce marquis défunt. Je parie que vous n'avez rien de pareil dans vos souvenirs galants!

ROBERT.

Et je ne parie pas! je serais trop sûr de gagner! Écoutez plutôt une seule de mes aventures, et laissez-moi d'abord vous dépeindre l'héroïne... Une baronne allemande fière comme Junon, vertueuse comme Minerve, belle comme Vénus, une triple femme qui descendait de Conrad et de la maison de Souabe, où l'on est vertueuse de mère en fille depuis la prise de Constantinople 1453; elle avait un mari, et cinq amoureux, cinq Werthers, et un château-fort qui abaissait son pont-levis à tous les prétendants; une moderne Pénélope qui brodait nuit et jour, en attendant son mari exilé aux bouches du Danube. J'allai le trouver, ce mari, à l'insu de sa femme, le trouver pour me battre avec lui; j'eus soin de me faire donner un coup d'épée; je revins blessé, mourant, auprès de la baronne, qui éprouva pour moi le plus tendre intérêt; je lui dis que son amour seul pouvait me rendre à la vie. La baronne oublia ses aïeux, la maison de Souabe, la prise de Constantinople, le déluge et le baron, et je fus guéri juste à temps pour être heureux!... Versez-moi du Champagne.

(On verse à boire.)

TOUS.

Du Champagne!

(Pendant tout ce récit on n'a cessé de boire. Robert a surtout fait boire de Sivry. Toutes les têtes paraissent très-animées. On se presse autour de Robert, on lui serre les mains, on trinque avec lui.)

DE SIVRY.

Bravo! marquis, bravo! tu es notre maître à tous, tu es plus fort que Bréval.

ROBERT, commençant à jouer l'ivresse qui est réelle chez tous ceux qui l'entourent.

Bréval! oh! non pas, je m'incline devant lui... et je me souviens maintenant qu'à Enghien... tenez... c'est ce portefeuille qui me rappelle..... Oui, à Enghien, Bréval a été le héros d'une aventure... en me l'a racontée tout bas au bal champêtre de la localité.

DE SIVRY.

Lui... Bréval... à Enghien!... quelle aventure?...

ROBERT.

Laisse-moi donc parler, de Sivry... si je perds le fil...

LES AUTRES.

Laissez-le parler, laissez-le parler.

ROBERT.

Il paraît que Bréval... ça doit être lui, ça ne peut être que lui, avait rapporté d'Espagne une échelle de soie ..

DE SIVRY.

Oui, tu y es, marquis, une échelle de soie, de la manufacture de Vincent Fuentes, à Madrid.

ROBERT.

Tu l'as vue?

ROBERT.

Bréval me l'a montrée; six dresses, vingt torsades, quarante tressins.

ROBERT.

C'est cela, c'est cela... Il sait l'histoire mieux que moi... mais laisse-moi parler, je t'en prie, cher ami... bois du punch, et laisse-moi parler.

TOUS.

Du punch! du punch!

(On se rue sur un bol de punch apporté par Fabricio.)

VERNEUIL.

Marquis, la fin de l'histoire.

TOUS.

Oui, la fin de l'histoire.

ROBERT.

M'y voilà... Disons donc que de Bréval... (à part.) Ah! ce souvenir! je souffre trop!... c'est horrible!... je ne pourrai jamais!...

LES FEMMES et VERNEUIL.

Eh bien! parlez, parlez donc, marquis.

DE SIVRY.

Bon, sa langue s'embarrasse, il chancelle, il ne peut plus raconter, il est ivre...

ROBERT.

Ivre, moi! vous croyez que je suis ivre... (S'animant par degré, mais tout en chancelant toujours, et en paraissant arrivé comme est de Sivry lui-même, au paroxisme de l'ivresse.) Non, j'ai toute ma raison: seulement, tu m'aideras un peu, de Sivry, puisque tu sais l'histoire.

DE SIVRY.

Je t'aiderai.

ROBERT.

Bréval passa donc sans trop de peine par-dessus le mur assez élevé d'un jardin à Enghien.

DE SIVRY.

C'est cela.

ROBERT.

N'est-ce pas?... c'était par une belle nuit d'été... la nuit du quinze au seize juin.

DE SIVRY.

C'est cela !...

ROBERT.

N'est-ce pas?... Une jeune fille était assise au pied... au pied...

DE SIVRY.

Au pied d'un chêne.

ROBERT.

Tu l'as vue?

DE SIVRY.

Bréval me l'a dit.

ROBERT, paraissant plus ivre que jamais et le coudoyant en riant.

Menteur!... ce n'était pas Bréval.

DE SIVRY.

Si fait.

ROBERT.

Mais non... j'ai parcouru le plaidoyer tout à l'heure.

VERNEUIL, très-ivre.

Merci, monsieur le marquis.

ROBERT.

Bréval ne pouvait pas être à Enghien cette nuit-là... Il était mort à Paris à huit heures du soir.

VERNEUIL.

C'est vrai... Alors c'était...

TOUS.

C'était...

(Les yeux se fixent sur Sivry.)

DE SIVRY, riant d'un air fat en s'adressant à Robert.

C'était peut-être toi, marquis?

ROBERT, avec un mouvement violent.

Moi!... (Reprenant son personnage et son ivresse.) Moi?... Eh!... si je le disais, que répondrais-tu?

DE SIVRY.

Je répondrais que vous êtes un fat, marquis de Verrières, et que vous n'êtes pas, morbleu! le héros de cette nuit d'Enghien.

ROBERT.

Eh bien! morbleu! je soutiens que c'était moi.

DE SIVRY.

Moi, j'affirme le contraire.

ROBERT.

Comment le sais-tu?

DE SIVRY.

Je le sais... parce que c'était...

TOUS.

C'était...

DE SIVRY.

C'était moi!...

ROBERT, relevant la tête avec un cri de fureur et saisissant Sivry à la gorge.

Ah! c'était toi!

(Mouvement général. La table s'enfonce dans les dessous du théâtre. Les laquais sortent, Fabricio reste.)

VERNEUIL.

Que signifie?

ROBERT, à de Sivry.

Et veux-tu que je le dise qui elle était, elle, ta victime?

DE SIVRY.

Mais vous-même, qui êtes-vous donc?

ROBERT.

Qui je suis... Je suis son frère!

TOUS.

Son frère!...

ROBERT.

Le marquis infernal! sanglante dérision! Un frère qui cherche le bourreau de sa sœur, voilà la réalité!

DE SIVRY.

Son frère !... que vous faut-il ?... un duel ?

ROBERT.

Un duel !... Ah ! bandits! bandits! vous vous faites un jeu de l'honneur d'une femme, et vous croyez que votre honneur à vous est satisfait quand vous vous faites aussi un jeu de la vie d'un homme ! Un duel !... le vicomte de Chaulnes ne s'est pas battu avec Bréval !

DE SIVRY.

Et que voulez-vous donc? un meurtre? me tuer?

ROBERT.

Un meurtre !... vous savez bien quel est celui de nous deux qui est l'assassin et le bandit !... Je veux !... je veux !... D'abord, voici les témoins qui ont entendu votre aveu... et qui déposeront publiquement contre vous, si je l'exige, et qui, venus ici pour une fête, se trouvent associés désormais à mon œuvre de réparation et de justice.

(Sur un nouveau signe de Robert, Fabricio et les autres Laquais ont pris des flambeaux et marchent devant les trois dames. Elles sortent en regardant avec effroi Robert, qui s'incline devant elles. Fausse sortie de Verneuil, qui veut les suivre; Robert le retient.)

SCÈNE IX.

ROBERT, DE SIVRY, VERNEUIL, FABRICIO.

ROBERT, retenant Verneuil.

Restez, je vous prie, monsieur l'avocat.

DE SIVRY.

Enfin, monsieur, votre dessein, quel est-il ? (Entrée de Fabricio.)

ROBERT.

Vous allez le savoir, et je suis encore généreux... je vous laisse le choix...

DE SIVRY.

Des armes ?

ROBERT.

Non, monsieur... Mais le choix du châtiment pour vous et de la réparation pour moi... deux moyens !

DE SIVRY.

L'un ?

ROBERT.

La cour d'assises !

DE SIVRY.

La cour d'assises !...

ROBERT.

Monsieur Verneuil vous défendra.

VERNEUIL.

Il est perdu !

ROBERT.

Puisque vous êtes avocat, dites-lui donc qu'avec ce moyen-là il y a pour lui du bagne !

DE SIVRY.

Et l'autre moyen, monsieur ?

ROBERT.

L'autre ?...

(Fabricio sort. — Adrien entre par le fond.)

SCÈNE X.

ROBERT DE SULLAUZE, DE SIVRY, VERNEUIL, ADRIEN.

ROBERT, montrant la porte de gauche qui s'ouvre.

Voyez, monsieur !... A genoux !... à genoux !...

(Blanche entre soutenue par Fabricio. — De Sivry tombe à genoux.)

SCÈNE XI.

LES MÊMES, BLANCHE.

ROBERT.

Monsieur de Sivry, c'est ma sœur qui, cette fois, vous donne volontairement un rendez-vous.

DE SIVRY.

Un rendez-vous ?...

ROBERT.

Vous allez partir avec nous pour mon château de Sullauze ?

DE SIVRY, se levant.

Votre château ?...

ROBERT.

En Corse !... (Verneuil voulant s'esquiver, Fabricio lui barre le passage.) Restez, monsieur l'avocat, vous voudrez bien aussi...

VERNEUIL.

En Corse ?... J'aurais mieux aimé la cour d'assises.

ADRIEN.

Mon ami, tout est prêt pour le départ.

ROBERT.

C'est bien, partons...

BLANCHE.

Mon frère !... Ah ! je tremble !... Qu'avez-vous résolu ?...

ROBERT.

Tu as juré de m'obéir au nom de ta mère !... (Le rideau baisse.)

ACTE V.

En Corse, les jardins du château de Sullauze. — A gauche, une chapelle; à droite, le commencement d'une allée de pins qui va se continuer dans la coulisse. Au fond, une terrasse, à laquelle on arrive par un escalier de sept ou huit degrés. Le château domine cette terrasse. Effet de lune.

SCÈNE PREMIÈRE.

ADRIEN, seul d'abord; puis ROBERT, BLANCHE, DE SIVRY, VERNEUIL, INVITÉS, PAYSANS.

(Adrien est assis sur un banc de pierre, à l'entrée de l'allée de pins. — Un cortège descend de la terrasse et marche vers la chapelle. Viennent d'abord les gens de la maison, paysans et paysannes corses, puis Robert de Sullauze, donnant la main à Blanche en toilette de mariage; puis Sivry et Verneuil, donnant chacun la main à une dame; puis des invités et dames en toilette, tenant moitié du costume corse et moitié des modes parisiennes, puis d'autres paysans et paysannes qui ferment la marche. Adrien est debout, et suit avec tristesse la marche du cortège. Il regarde Blanche avec douleur et retombe assis sur le banc. Blanche, près d'entrer dans la chapelle, semble près de défaillir; son frère la soutient. — Musique religieuse dans la chapelle.)

ADRIEN, allant regarder à l'entrée de la chapelle.

La voilà... elle est à genoux auprès de lui et sa main dans la sienne... le prêtre bénit et pardonne !... Elle est sa femme !... Le coupable triomphe, le frère est satisfait dans son bonheur... il n'y a qu'un homme sacrifié dans cette fête de réparation... c'est moi !... Demain toutes les douleurs seront oubliées ; ce trésor d'angoisse de toute une famille devient mon héritage; c'est moi qui vais le dévorer sans l'épuiser!... Trésor de larmes, de deuil et de désespoir. Merci, Robert de Sullauze, merci ! votre amitié me juge bien... vous m'avez entraîné ici à votre suite. Vous m'avez défendu de vous quitter ce soir, j'y resterai... ma vie est enchaînée à la vôtre. Je passerai sans cesse devant vous comme un remords vivant. Les voici.

(Sortie de l'église. Ici, tout le monde sort de l'église, mais plus confusément et sans l'ordre qui présidait tout à l'heure à la cérémonie. — De Sivry donne la main à Blanche, Verneuil à une autre dame, et les divers personnages s'éloignent par la terrasse, les autres à droite, les autres à gauche.)

ROBERT, à Adrien.

Ne vous éloignez pas... vous m'êtes nécessaire ici... je reviens...

(Sortie générale.)

DE VERNEUIL, sans quitter la main de la dame avec qui il est entré, dit à demi-voix à de Sivry.

Tu es plus heureux que sage... Au lieu de te tuer, on le marie!... A la place des affreux spadassins que nous avons tant redoutés pendant la route, une jolie femme et une noce!

DE SIVRY.

Tais-toi! c'est un bonheur si étrange, si imprévu, que malgré moi je doute encore.

SCÈNE II.

ADRIEN, seul; puis BLANCHE.

ADRIEN.

Je suis nécessaire au comte de Sullauze!... Mon sacrifice n'est-il pas déjà pour lui assez grand?... me réserve-t-il d'autres épreuves?... a-t-il inventé un nouveau tourment ?... je l'en défie!... Je défie l'enfer de me créer une nouvelle torture!... En un jour, j'ai tout épuisé...

(Ici Blanche reparaît sur la terrasse et descend précipitamment en marchant vers la chapelle. — Au lointain, on entend la musique du bal.)

BLANCHE.

Cette fête pour moi... cette fête!... Oh! je souffre trop... Une prière encore... une prière... car cet autel où l'on vient de bénir mon mariage est à deux pas du caveau funéraire de ma famille.

ADRIEN, l'apercevant.

Blanche!

BLANCHE, troublée.

Adrien! retirez-vous, retirez-vous, au nom du ciel!

ADRIEN.

Un instant... le dernier... C'est la goutte d'eau que le damné demande, c'est l'aumône que demande le désespoir.

BLANCHE.
Arrêtez... Je suis la femme d'un autre.

ADRIEN.
La femme d'un autre!... Blanche, vous ne savez pas tout ce qu'il y a de déchirant au fond de ces quatre mots prononcés d'une voix si douce!... La femme d'un autre!... Il y a donc là un maître, un amant, un mari absolu, qui a tout pouvoir sur votre jeunesse, votre grâce, votre beauté!... Et cet homme a mérité son bonheur par un crime! Et vous, Blanche, vous êtes la femme de cet homme! vous qui avez été ma fiancée pure, mon rêve d'adolescence, mon trésor promis, mon ange de consolation, mon avenir de bonheur! Vous avez pris tout ce qui était mon bien, tout ce qui était à moi, et quand le prêtre vous a demandé si vous donniez tout cela à un autre, vous avez répondu : *Oui*; vous avez trouvé sur votre lèvre un son pour prononcer ce mot si court, ce mot infini qui contient ma vie et ma mort!...

BLANCHE.
J'avais promis par la mémoire de ma mère!... En obéissant à son fils, j'ai cru faire la volonté de Dieu!

ADRIEN.
Résignation! obéissance! vertus fatales et aveugles qui ne rendent service qu'aux passions mauvaises, et déchirent les cœurs généreux!... Oh! je me révolte de toute l'indignation de mon âme contre cet héroïsme de la vertu filiale qui fait rire les méchants et pleurer les bons!... Il fallait vous révolter aussi, vous, contre cette main qui vous couronnait de fleurs, comme une victime, et vous traînait à l'autel pour y verser tout le sang de votre âme, toutes les tendresses de votre cœur, toutes les larmes de vos yeux!

BLANCHE.
Adriani! Adriani, m'aimez-vous encore?

ADRIEN.
Si je vous aime!... Jusqu'à ce jour, Blanche, je ne vous ai pas aimée, voilà ce que j'ai découvert en moi. Est-ce qu'on connaît l'amour dans les jours heureux?... Vous étiez pour moi une amie, une compagne; vous réjouissiez mes yeux, vous donniez le calme à mon cœur, la sérénité à ma vie. L'ange effaçait la femme... mais depuis que j'ai senti passer sur mon front, comme une lame de feu, cette horrible parole, *la femme d'un autre*, l'ange a disparu; la femme reste; j'ai reconnu l'amour humain à ce délire qui oublie l'âme et brûle les sens! J'ai deviné la jalousie, cette fièvre de lave qui coule dans les artères, étreint le cou comme un cercle de fer, brûle la racine des cheveux, et ne permet plus que des insomnies de flamme dans des nuits pleines d'intolérables visions! Si je vous aime! Demain, j'aurai cessé de vivre; venez faire cette question à mon tombeau, il vous repondra!

BLANCHE.
Eh bien, Adriani, je ne croirai pas à cette réponse du tombeau. Je veux que vous viviez, bien ; c'est en vivant que vous me prouverez votre amour ; vous prendrez votre part de ma résignation, et je la trouverai plus légère ; vous prendrez votre part de mes douleurs, et je les subirai plus aisément. Nous nous associerons pour porter la même souffrance, comme nous devions nous unir pour le même bonheur. Laissez les plaintes de la jalousie, ou le suicide de l'orgueil aux âmes vulgaires. Sachez mieux comprendre la vertu des fortes abnégations ; ce que mon frère a ordonné est noble et grand. N'accusez pas, admirez!... Si comme moi vous vous résignez à vivre, je saurai que vous m'aimez toujours. Laissez-moi cette dernière joie dans votre dernier adieu...

ADRIEN, pleurant.
Je vous aime...

BLANCHE.
J'ai compris... Vous vivrez... Et quand notre destinée nous éloigne l'un de l'autre... nos deux âmes demeurent inséparables... Adieu.

ADRIEN, pressant la main de Blanche.
Adieu, Blanche; vous m'avez condamné à la vie; mon juge sera béni et respecté. Adieu pour...

BLANCHE, l'interrompant.
Toujours n'appartient qu'à Dieu seul!... Ne prononcez pas ce mot!... Là-haut, du moins, nous nous reverrons. (Adrien sort précipitamment.)

SCÈNE III.
BLANCHE seule, puis DE SIVRY.

BLANCHE.
Sainte vertu, qu'on appelle devoir, soutiens-moi! guide-moi par la main, dans cette vie nouvelle où je ne vois que des abîmes, où je n'attends aucun secours...

DE SIVRY.
La fête est commencée, et tous les invités appellent la reine du bal...

BLANCHE.
J'avais un pieux devoir à remplir.

DE SIVRY.
Nous le savions... Aussi nous n'avions garde d'aller troubler dans la chapelle un acte de piété filiale si honorable pour vous... Maintenant, le devoir religieux envers les morts étant rempli, madame de Sivry me permettra-t-elle...

BLANCHE, tressaillant.
Madame de Sivry!

DE SIVRY.
Blanche, donnez-moi votre main... Dans le tumulte de ce jour, je n'ai pas trouvé un seul moment pour vous dire une parole...

BLANCHE, d'une voix faible.
Laissez-moi rentrer, monsieur...

DE SIVRY, la retenant.
Un instant... un seul...

BLANCHE.
Nous avons toute une vie à passer ensemble...

DE SIVRY.
Toute une vie de bonheur!

BLANCHE.
De bonheur!...

DE SIVRY.
Oui, votre frère, en m'imposant ce mariage, m'a ordonné d'être heureux... J'attendrai tout du temps et de mon repentir pour vous convaincre... Blanche... chère Blanche... ma femme! prononcez le mot pardon...

BLANCHE, de plus en plus émue, faisant un pas vers le château.
Laissez-moi, monsieur, mon frère doit être inquiet.

DE SIVRY.
Le mot pardon... un mot si doux... le mot aimé de Dieu...

ROBERT, paraissant en haut de la terrasse.
Blanche!

BLANCHE.
Mon frère m'appelle... laissez-moi...
(Elle sort vivement. De Sivry veut la suivre. Le comte l'arrête, il descend lentement, M. de Sivry recule devant lui.)

SCÈNE IV.
DE SIVRY, ROBERT.

ROBERT.
Que Dieu vous pardonne!

DE SIVRY.
Ah! c'est vous, cher comte...

ROBERT.
C'est celui qui ne pardonne jamais.

DE SIVRY.
Je ne vous comprends pas bien...

ROBERT.
Vous me comprenez trop.

DE SIVRY.
Je parle au frère de ma femme, il me semble...

ROBERT.
Je parle à l'assassin de ma sœur, à ce que je crois...

DE SIVRY, reculant.
Comte de Sullauze, quel moment choisissez-vous?...

ROBERT.
Demain, il serait trop tard. Monsieur de Sivry, vous êtes dans le pays des vengeances légitimes et sans pardon ; vous êtes sur une terre où les laboureurs ont planté plus de croix que d'arbres ; vous êtes devant un château qui peut ouvrir ses fenêtres au grand soleil, parce qu'il n'a aucune souillure intérieure... vous êtes à côté d'un caveau funèbre où trois de mes aïeux sont ensevelis avec leurs épées teintes de sang ; vous êtes sous des arbres qui ont voilé des duels acharnés et sans pardon ; et les ongles déchiraient les chairs lorsque les armes tombaient en tronçons de la main des combattants.

DE SIVRY.

Mais vous m'avez fait votre frère, comte de Sullauze... votre sœur porte mon nom depuis une heure... tout est réparé...

ROBERT.

Rien n'est réparé, tout subsiste! Nous sommes au lendemain du 15 juin; nous sommes devant le lac d'Enghien... la victime demande vengeance... le vengeur est debout!...

DE SIVRY.

Où est ce vengeur?

ROBERT.

Tu ne l'as pas vu encore?... regarde-moi...

DE SIVRY.

Impossible!... Je suis sur la terre des vengeances, je le sais; mais je sais aussi que je ne crains ici aucun assassin...

ROBERT.

Tu as raison... je fais justice et je n'assassine pas... Tu n'es pas invité à une noce, tu es invité par moi, Fernand de Sivry, à un duel à mort.

DE SIVRY.

Moi, me battre avec vous! avec le frère de ma femme! jamais!

ROBERT, avec un rire convulsif.

Il ne comprend pas!... il ne comprend rien!... Ce mariage, je l'ai jugé indispensable, il satisfait aux lois du monde... mais il me faut davantage, il me faut la vie du misérable qui a souillé mon blason, qui a flétri mon bonheur!... tu te battras!

DE SIVRY.

Non.

ROBERT.

Le crime est donc toujours lâche?

DE SIVRY.

Comte de Sullauze!

ROBERT.

J'attends l'exception.

DE SIVRY, faisant quelques pas pour se retirer.

Ce n'est pas un duel, c'est un fratricide que vous me proposez; je n'accepte pas, non, rien au monde ne m'y contraindra, monsieur.

ROBERT.

Rien, dis-tu?... excepté ceci, peut-être! (Il lui donne un soufflet.)

DE SIVRY, poussant un cri de fureur.

Oh! ta vie va payer cet affront!...

ROBERT.

Dans dix minutes, ici... Ton ami Verneuil te servira de témoin. Tu choisiras les armes, là, dans ce buisson; elles y sont depuis ce matin. Écoutez, de Sivry : ce n'est point ici un de ces duels de bonne compagnie, comme vous les traitez sur le continent, une de ces grotesques parades que les poltrons jouent à la porte Maillot, en croisant des lattes d'arlequin devant de faux témoins; un de ces combats pacifiques où les haines, les armes, les mains, tout tombe et disparaît devant une première goutte de sang!... Nous ne connaissons pas, nous, ces raffinements de courtoisie; nous ne nous battons pas pour nous laisser vivre. Quand le plomb et le fer se croisent en terre corse, le spectre de la mort est toujours là qui attend, et il ne se retire jamais sans avoir son butin; comprends-tu?

DE SIVRY.

Vous allez voir si je comprends.

(Il sort.)

SCÈNE V.

ROBERT, BLANCHE, qui a vu la fin de la scène.

BLANCHE, courant à Robert, et se jetant dans ses bras.

Mon frère!...

ROBERT.

Tu étais là?

BLANCHE, avec calme.

Oui.

ROBERT.

Ma sœur, ne viens pas m'affaiblir; je crains de te voir en ce moment.

BLANCHE.

Vous oubliez, mon frère, que vous et moi nous avons le même sang dans le cœur... Oh! je soupçonnais bien vaguement quelque mystère au fond de ce mariage, et j'ai gardé mon cœur ferme et résolu, pour être prête à tout, et digne de votre nom.

ROBERT.

Pauvre enfant!... Oh! l'attendrissement est déjà une faiblesse! J'ai besoin de toute mon énergie... et une pensée affreuse a traversé mon front.... Mon Dieu! mon Dieu! je n'avais pas tout prévu!... Ce n'est pas toujours la justice qui triomphe dans les combats singuliers... Dieu garde ses secrets.... Ma sœur.... ma chère Blanche... si je meurs aujourd'hui... mon aïeul a été tué ici, tué dans sa justice, son honneur et son droit!... Si je tombe comme lui, pauvre fille, tu appartiens à cet homme, qui est ton mari et ton maître, devant la loi des hommes et de Dieu!... Quand j'étais seul, je ne pensais qu'au triomphe; en te voyant je pense à la défaite! Blanche, songes-tu bien au sort qui t'est réservé si je meurs?...

BLANCHE, d'un ton calme.

Oui, Robert, j'y ai songé.

ROBERT.

Si ton frère meurt aujourd'hui, à toi encore, à toi toujours ce triste devoir de la résignation.

BLANCHE.

Non, frère, non! Claudia notre aïeule ne se résigna pas, elle... elle fit plus!

(Elle montre le poignard.)

ROBERT, ému violemment.

Ma sœur!

BLANCHE.

Ne songe pas à moi quand tu vas défendre ta vie.... Sois fort comme toujours... Tu vois comme je suis calme en te parlant. Si l'exaltation était sur mes lèvres, tu douterais de moi Vois comme je suis tranquille! rien n'apaise le sang comme une détermination prise irrévocable. Cours où t'appelle ton destin, mon frère, Dieu et ton droit nous seront en aide, et si le droit succombe, ta sœur arrivera la seconde à ce rendez-vous de famille que tu lui donnes dans ce tombeau.

ROBERT, l'embrassant.

Il n'y a que de nobles cœurs dans notre race!...

BLANCHE.

A bientôt, Robert, oui, à bientôt; nous ne pouvons pas manquer de nous revoir...

(Elle disparaît sous les arbres.)

SCÈNE VI.

ROBERT, puis ADRIEN.

ROBERT.

Ma sœur!... Oh! il faut vivre!... il faut vivre pour la sauver, cette pauvre enfant! ma mort serait la sienne!... sauvons-la!

ADRIEN, entrant.

Vous aviez besoin de moi?... le moment est-il venu?

ROBERT.

Mon ami, tu vas tout savoir...

ADRIEN.

Je sais tout, le témoin de ton adversaire vient de tout m'apprendre...

(Il serre énergiquement la main du Comte.)

ROBERT.

Mais je veux que ce ne soit un secret pour personne.... Chez nous, au grand soleil de mon île, nous n'avons à garder aucun de ces ménagements de la vie continentale. Chez nous, on ne trouve ni mystères ni brouillards.... Il faut que tout le monde sache que Robert de Sullauze est un Corse du bon temps : qu'il veille à son blason, qu'il vénère ses aïeux, qu'il aime par-dessus tout et qu'il garde l'honneur de sa famille...

ADRIEN.

Voici les autres... mettons-nous un peu à l'écart...

SCÈNE VII.

LES MÊMES, DE SIVRY et VERNEUIL entrent.

(On voit Blanche qui traverse la scène au fond et reste sur la terrasse, suivant de l'œil, avec anxiété, ce qui se passe sur le devant du théâtre.)

VERNEUIL.

Mais, cher ami, c'est un guet apens!

DE SIVRY.

Tais-toi!

VERNEUIL.

Crime prévu par les articles 296, 297, 298 du Code pénal.

DE SIVRY.

De quoi te plains-tu? le danger est pour moi.

VERNEUIL.

C'est égal, j'aimerais mieux être à Paris, sur le boulevard.

ADRIEN, s'avançant.

Monsieur de Verneuil...

VERNEUIL, à de Sivry.

C'est le témoin de ton adversaire.

ADRIEN.

On vous a laissé le choix des armes.

VERNEUIL.

Cela est indifférent à monsieur de Sivry, il excelle au pistolet ou à l'arme blanche. (A part.) Il faut les intimider.

ADRIEN.

Nous sommes chez nous, et nous devons user de la plus scrupuleuse délicatesse. Vous trouverez là, au pied de ces pins, des épées et des pistolets. Prenez vos armes et donnez-nous les nôtres. Ce que vous refuserez de prendre, nous l'acceptons.

(Verneuil va prendre deux épées et deux pistolets.)

ADRIEN, à part.

Fasse le ciel que le comte ne se repente point de trop de générosité!... Un duel avec ce misérable!... Oh! sainte vengeance de la vieille Corse, où es-tu?...

VERNEUIL.

Puisque vous l'exigez...

(Il donne une épée à Adrien. — Robert de Sullauze s'avance et prend une épée. De Sivry fait la même chose de son côté. Les deux témoins gardent les pistolets. — Le combat commence. Adrien et Verneuil sont au centre de la scène, derrière les combattants. Blanche est agenouillée sur la terrasse, suivant des yeux le combat. Un effet de lune éclaire le jardin. Après une lutte longue et acharnée, le comte recule et s'arrête.)

ADRIEN.

Blessé! mon ami!...

BLANCHE, sur la terrasse.

Mon frère!...

VERNEUIL.

Il est blessé... Allons, messieurs, l'honneur est satisfait, et...

ROBERT.

Ce n'est rien! rien!... Cette main seulement...

ADRIEN, avec effroi.

Mais elle n'est plus de force à tenir cette épée, donne-la-moi. (Il prend l'épée que le jeune comte a laissé tomber à terre.) A moi! à moi de finir!...

DE SIVRY.

Que me veut cet homme? je ne le connais pas.

ROBERT.

Adrian, vous oubliez vos devoirs sacrés de témoin.

VERNEUIL.

Certainement! et d'ailleurs, tout est terminé à l'amiable... je déclare l'honneur satisfait, et...

ROBERT, à Verneuil.

L'honneur sera satisfait quand l'un de nous deux aura donné sa dernière goutte de sang à la rosée de cette horrible nuit!... Sivry, cette main ne peut plus tenir une épée!... (Montrant sa main gauche.) Mais celle-ci a de la force encore, celle-ci me suffira pour me faire justice! En garde! Arrière, messieurs! En garde jusqu'à la mort!

DE SIVRY.

Jusqu'à la mort!...

(Reprise du duel ; Robert se sert de sa main gauche pour des mouvements sauvages en dehors des principes de l'escrime ; de Sivry est tué.)

BLANCHE, se jetant dans les bras de Robert.

Mon frère! (Rentrée générale.)

SCÈNE VIII.

Les Mêmes, Invités, qui accourent de tous côtés. La foule envahit le théâtre.

ROBERT.

Ma sœur!... (A tous.) Mes amis, si l'on vous demande ce qui s'est passé à mon château cette nuit, vous répondrez que j'ai accompli mon devoir et que le comte de Sullauze a été le justicier de son honneur!

(Robert, en tenant Blanche dans ses bras, serre la main d'Adrien, qui s'est approché. Tableau. Le rideau baisse.)

FIN DE FRÈRE ET SŒUR.

www.ingramcontent.com/pod-product-compliance
Lightning Source LLC
Chambersburg PA
CBHW070537050426
42451CB00013B/3052